Housekeeping Management

Erfolgreich im Hausdamen- und Cleaning- Bereich

Frank Höchsmann

Housekeeping Management

Bibliografische Informationen der Deutschen Nationalbibliothek:

Die Deutsche Nationalbibliothek verzeichnet diese Publikation in der Deutschen Nationalbibliographie, detaillierte bibliografische Daten sind im Internet über http: //dnb.dnb.de abrufbar.

© 2016 Frank Höchsmann

Herstellung und Verlag: BoD – Books on Demand, Norderstedt

ISBN 9783743127807

Titeloto: Housekeeper checking hotel room, Ricardo Thaler, Fotolia

Autoren Foto: © Frank Höchsmann

Liebe Housekeeping Interessenten/-innen

Es freut mich, dass Sie sich für dieses Buch entschieden haben.
Darin steckt Erfahrung aus über 50 Hotels, die mit unseren Qualitätsstandards und Prozessabläufen arbeiten.

Was soll erreicht werden?

Ziel ist, den Interessenten Managementstrategien und Techniken für den Housekeeping Bereich praxisnah und zukunftsorientiert zu vermitteln.

Nach der Lektüre dieser Dokumentation können folgende Fragen beantwortet werden:

- Was muss die weitsichtige Hausdame über die Entwicklung der Gästeerwartungen und Trends wissen?
- Wie kann die engagierte Hausdame ihre Abteilung optimieren unter Berücksichtigung des permanenten Kostendrucks?
- Wann ist ein Zimmer sauber und aufgeräumt?
- Wie geht man mit der Haustechnik um und wie erstellt man einen adäquaten Wartungs- und Pflegeplan?
- Brauchen wir eine gut funktionierende und umweltschonende Wäschelogistik?
- Hilft uns eine ABC- oder Ichikawa – Fehleranalyse weiter?
- Was kann ich machen, was muss ich tun, um umweltfreundlich zu sein?

Mit diesen Housekeeping Informationen möchte ich Fach- & Führungskräfte aus Touristikbetrieben, Geschäftsführer, Hoteldirektoren, Supervisors, Room Division Manager, Trainees, Studenten und Quereinsteiger erreichen und für die anspruchsvollen Reinigungsaufgaben sensibilisieren

Berlin, den 16.08.2016

Housekeeping Management

0. Vorspann 10
0.1. Was wollen wir erreichen? 10
0.2. Für wen sind die Informationen? 11
1. Gästeerwartungen & Hoteltrends 12
1.1. Gästeerwartungen bezüglich der Servicequalität 12
1.2. Gästeerwartungen bei Beschwerden 15
1.3. Hoteltrends und deren Auswirkungen auf HSK 18
2. Housekeeping Management 20
2.1. Organisation der HSK Abteilung und Schnittstellen 20
2.1.1. Organigramm Housekeeping 21
2.1.2. Organigramm: Beispiel 3-4* Hotel 22
2.2. Effiziente Mitarbeiterführung / Einsatzplanung 23
2.2.1. (Selbst-) Einschätzungstest HSK-Führungskräfte ... 24
2.2.3. Fragebogen/Beurteilungsbogen HSK Personal 27
2.2.4. Rückmeldegespräch / Feedback Gespräch 28
2.2.5. Checkliste für Tätigkeiten der Hausdame 30
2.2.6. Dienstplanregeln 33
2.2.7. Einsatzplanung mit der magischen „FORMEL" 35
2.3. Budgeting und Controlling im Hausdamenbereich 38
2.3.1. Kalkulation Bedarf an Zimmermädchen 39
2.3.2. Forecasting pro Monat 40
2.3.3. Zusammensetzung der Personalkosten 42
2.4. Qualitätsstandards und Qualitätssicherung 43
2.4.1. Qualitätsmanagement & Qualitätsstandards 43
2.4.2. Qualitätssicherung 45

2.4.3. Checkliste Housekeeping Standards 47
3. Hausreinigung 52
3.1. Hausreinigung der öffentlichen Räumlichkeiten 52
3.1.1. Vorbereitende Arbeiten 52
3.1.2. Reinigung der Öffentlichen Räume 54
3.2. Beispiel Reinigungsablauf im Öffentlichen Bereich 56
3.3. Ablaufplan Unterhaltsreinigung 58
3.4. Checkliste Gastronomische Räume 61
3.5. Checkliste für zeitversetztes Arbeiten 62
4. Zimmer- & Badreinigung 64
4.1. Verhaltensanweisungen im Housekeeping 64
4.2. Reinigung einer Abreise 67
4.3. Reinigung einer Bleibe 70
4.4. Besonderheiten 72
4.5. Zimmercheckliste 74
4.6. Badezimmercheckliste 76
4.7. Beispiel: Grundreinigung 78
5. Haustechnik und Instandhaltung 83
5.1. Arbeitsablauf: Tagesreport Technik 83
5.2. Arbeitsanweisung: Täglicher Rundgang Haustechnik .. 84
5.3. Checkliste: Elektroprüfung 85
5.4. Checkliste: Überprüfung der Zimmer 87
5.5. Checkliste: Fahrradcheck 90
5.6. Checkliste Sommer/Winter 91
5.7. Wartungs- und Pflegeplan 93
6. Wäschelogistik 94
6.1. Aufgaben des Wäschebeauftragten 94

6.2. Wäscherei 96

6.3. Office Logistik und Wäscheinventur 98

7. Stellenbeschreibungen 101

7.1. Stellenbeschreibung Hausdame............................. 101

7.2. Stellenbeschreibung Reinigungsfachkraft................ 104

7.3. Stellenbeschreibung Haustechniker 106

7.4. Stellenbeschreibung Gärtner................................. 108

8. Tipps und Empfehlungen 109

8.1. Fehleranalyse nach der ABC / Pareto Methode 109

8.2. Fehleranalyse: Ichikawa/Fischgrätenmethode 110

8.3. Servicequalität aus der Sicht des Hotelgastes 111

8.4. Reinigungstipps 114

8.5. Überlegungen zu Umweltfreundlichen Maßnahmen .. 116

8.6. Fragebögen 117

8.6.1. Selbsteinschätzungstest Motivation..................... 117

8.6.2. Messung der Zufriedenheit der Mitarbeiter........... 119

8.6.3. Zufriedenheit der Schulungsteilnehmer 121

9. HOTQUA 122

9.1. Angebotsbeschreibung... 122

9.2. HOTQUA Webinare und Workshops....................... 123

0. Vorspann

Wir begrüßen Sie recht herzlich zu unserem praxiserprobten und normkonformen Konzept zum Thema Housekeeping Management. Diese Informationen eignen sich einerseits als Schulungs-unterlagen. Andererseits dienen sie als Vorlagen, um individuelle Housekeeping Standards zu entwickeln und diese dann fachgerecht und zeitnah zu implementieren.

0.1. Was wollen wir erreichen?

Ziel ist den Interessenten Managementstrategien und Techniken für den Housekeeping Bereich praxisnah und zukunftsorientiert zu vermitteln. Nach dem Seminar bzw. nach der Lektüre dieser Dokumentation können wir folgende Fragen beantworten;

- Was muss die weitsichtige Hausdame über die Entwicklung der Gästeerwartungen und Trends wissen?
- Wie kann die engagierte Hausdame ihre Abteilung optimieren unter Berücksichtigung des permanenten Kostendrucks?
- Wann ist ein Zimmer sauber und aufgeräumt?
- Wie geht man mit der Haustechnik um und wie erstellt man einen adäquaten Wartungs- und Pflegeplan?
- Brauchen wir eine gut funktionierende und umweltschonende Wäschelogistik?
- Hilft uns eine ABC- oder Ichikawa – Fehleranalyse weiter?
- Was kann ich machen, was muss ich tun, um umweltfreundlich zu sein?

0.2. Für wen sind die Informationen?

Unsere Zielgruppe sind Fach- & Führungskräfte aus dem Housekeeping Bereich, Geschäftsführer, Hoteldirektoren, HSK-Supervisors, Room Division Manager, Trainees, Studenten und Housekeeping – Quereinsteiger.

Wir wünschen Ihnen viel Erfolg!

Martha & Frank Höchsmann   Berlin, den 16.08.2016

1. Gästeerwartungen & Hoteltrends

1.1. Gästeerwartungen bezüglich der Servicequalität

Gäste haben von ihrem gebuchten Hotel gewisse Erwartungen. Diese Erwartungen basieren auf ihrer Reiseerfahrung, Informationen aus dem WEB oder Empfehlungen von Freunden, Kollegen und oder Familie.

Oft angetroffene Fehler in den Gästezimmern:

- Die Luft im Raum ist abgestanden oder
- Es riecht noch nach dem Vorgänger
- Durchgebrannte Glühlampen
- Altes TV-Programmheft
- Staub auf dem Tür- und Bilderrahmen
- Notizblock mit Druckspuren vom Vorgänger
- Getränke und Snacks mit abgelaufenem Verfalldatum
- Unvollständiges Hotelservicebuch / Hoteldirectory
- Zu wenige Kleiderbügel
- Zu große/viele Möbelstücke im Gästezimmer
- Nichtharmonierende Farben

Oft angetroffene Fehler im Bad:

- Schlechte Beleuchtung
- Feuchter oder nach Reinigungsmittel ätzender Geruch
- Tropfende Wasserhähne
- Qualitativ minderwertige Accessoires
- Zu kleine oder zu raue Handtücher
- Zu stark blasende Haartrockner
- Spiegel die sich beschlagen und
- Zu glatte Fußbodenkacheln.

Gästeerwartungen bezüglich der Gästezimmer

- Absolute Sauberkeit und Sicherheit
- Wohlgefühl schon im ersten Moment
- Begrüßungsbrief der Hotelleitung
- Frische Blumen / Obstkorb, eventuell ein Erfrischungsgetränk auf Kosten des Hauses
- Gut funktionierende und leicht zu bedienende elektrische / elektronische Geräte
- Fenster die sich leicht öffnen oder kippen lassen (Europäer)
- Telefonanruf ca. 20 Min. nach Zimmerübergabe der Rezeption mit der Frage, ob alles in Ordnung ist und ob man vielleicht noch was tun kann (Amerikaner)
- Kleiderschrankleuchten bzw. begehbaren Kleiderschrank

Gästeerwartungen bezüglich des Gästebades

- Bidet
- Getrenntes W.C. vom restlichen Badezimmer
- Maximale Sauberkeit
- Sicherheit (rutschsichere Bodenbelag, leicht zu bedienende Armaturen, Wanne mit Überlaufschutz, runde Ecken, Trennwände aus bruchsicherem Material, gut isolierte Steckdosen)
- Spiegel, die sich nicht beschlagen
- Von der Badewanne getrennte Duschkabine
- Vorgewärmte Handtücher bzw. Bademäntel im Winter

1.2. Gästeerwartungen bei Beschwerden

Die Gästeerwartungen steigen mit der Anzahl der Sterne.

Bei berechtigten oder unberechtigten Reklamationen erwartet der Gast folgendes von uns:

a. Ehrlichkeit & Großzügigkeit bei Fehlern auch im Zimmer oder Bad

Kommentar: Unsere ehrlichen Aussagen helfen uns besonders bei Reklamationsfällen und das erwatet der Gast auch von uns. Großzügigkeit wird von uns ebenfalls erwartet.

Besonders zu beachten: Auch bei unberechtigten Reklamationen erwartet der Gast unser kulantes Verhalten. Im Moment der Reklamation können wir oft noch nicht mit Bestimmtheit sagen, ob der Gast recht hat oder nicht, daher unsere Empfehlung zur Großzügigkeit.

b. Erreichbarkeit

Kommentar: In der Hotelbranche erwartet der Gast eine Erreichbarkeit „Rund-um-die-Uhr", das heißt wir müssen immer erreichbar sein.

Besonders zu beachten: Für unsere Gäste, die sich in unserem Hause befinden, müssen wir immer und zu jeder Stunde erreichbar sein. Für (Groß-)Kunden, z.B. Veranstalter genügt es, wenn Sie uns während der normalen Bürozeiten erreichen können.

c. Fachkompetenz

Kommentar: Der reklamierende Gast erwartet von uns Fachkompetenz, die für ihn genauso wichtig ist, wie sofortige Erreichbarkeit.

Besonders zu beachten: Sollten wir mit dem Problem nicht fertig werden, weil es unsere Kompetenzen oder Kenntnisse überschreitet, informieren wir den Gast und suchen geeignete Lösungen. Ehrlich sein!

d. Freundlichkeit

Kommentar: Auch bei Reklamationen behandeln wir den Gast stets freundlich. Diese Freundlichkeit darf nicht übertrieben werden, sonst wirkt Sie provozierend.

Besonders zu beachten: Persönliche Beleidigungen dürfen unsere Freundlichkeit nicht mindern. Freundlichkeit steckt an (Unfreundlichkeit leider auch).

e. Interesse und Verständnis

Kommentar: Für die Probleme unserer Gäste müssen wir Interesse und Verständnis zeigen.

Besonders zu beachten: Unsere Aufmerksamkeit dem Gast gegenüber muss ehrlich sein. Bitte nicht Schauspielern!.

f. Problemlösung

Kommentar: Der reklamierende Gast erwartet von uns schnelle Hilfe und eine akzeptable Problemlösung

Besonders zu beachten: Der Gast erwartet nicht nur eine schnelle, sondern auch eine unkomplizierte Problemlösung.

g. Schnelle Reaktion

Kommentar: Bei Reklamationen müssen wir schnell reagieren und uns ehrlich um eine Problemlösung kümmern. So fühlt der Gast sich ernst genommen.

Besonders zu beachten: Sollte sich die Problemlösung verzögern, müssen wir den Reklamierenden auf dem Laufenden halten. Zwischeninformationen bewirken Wunder.

h. Wohlfühlen

Kommentar: Nach einer Reklamation erwarten die Gäste, dass wir sie genauso freundlich wie vorher behandeln, sodass sie sich wieder bei uns wohl fühlen.

Besonders zu beachten: Geben Sie dem Gast zu verstehen, dass seine Reklamation ein „Qualitätsbeitrag" für das Haus ist und dass sie ihm dafür dankbar sind.

1.3. Hoteltrends und deren Auswirkungen auf Housekeeping

Gäste verändern im Laufe der Zeit ihre Gewohnheiten. Neue Zielgruppen kommen hinzu, der Markt verändert sich ständig. Darum ist es angebracht, dass wir schon im Vorfeld einer Veränderung agieren. Reagieren wir auf Veränderungen, ist es oft zu spät. Eine gute Hausdame spürt oft Veränderungen, bevor diese überhaupt stattgefunden haben und agiert im Housekeeping Bereich

a. Internationale Hoteltrends

- Anstieg der Erlebnishotels /Fun-Hotels
- Anstieg des Konferenzgeschäftes
- Anstieg qualitätsorientierter Gäste
- Anstieg umweltbewusster Gäste
- Expansion der Kettenhotellerie
- High-Tech-Center im Hotelzimmer
- Internationale Qualitätsmanagementsysteme
- Permanente Schulungsaktivitäten für das Personal
- Zusammenschluss unabhängiger Hotels in Kooperationen

b. Regionale Hoteltrends

- Anstieg des Geschäftsreiseverkehrs, Kurz- und Kultururlaubs
- Dumpingpreise am Wochenende
- Expansion der Kooperationsbetriebe
- Expansion internationaler Hotelketten
- Qualitätsbewusstsein der Gäste

- Hotelboom in Großstädten
- Qualitätsverbesserung und Angebotserweiterung
- Rundum - Service
- Steigendes Tagungsgeschäft
- Wachsende Umweltsensibilität
- 50 Plus, die neue Zielgruppe

2. Housekeeping Management

2.1. Optimale Organisation der Housekeeping Abteilung und Schnittstellen

Housekeeping gehört zu den wichtigsten Bereichen eines Hotels. Ohne die Housekeeping Abteilung kann der Wertschöpfungsprozess Zimmervermietung nicht stattfinden. Auch garantiert Housekeeping eine allumfassende Sauberkeit in allen Räumlichkeiten und Zugängen eines Hotels, unabhängig von er Anzahl der Sterne.

Der Housekeeping Bereich ist dem Hoteldirektor direkt unterstellt. In einigen Hotels gehört Housekeeping zum Room Division Manager. In einigen Hotels koordiniert die Hausdame auch die Technik.

Housekeeping hat Schnittstellen zu allen Abteilungen eines Hotels, unabhängig von der Größe des Hauses. Besonders eng muss Housekeeping mit den Abteilungen Empfang & Reservierung / Rezeption, Food & Beverage / Restaurant und Technik zusammen-arbeiten, denn immer ist etwas zu reparieren, warten oder montieren.

2.1.1. Organigramm Housekeeping

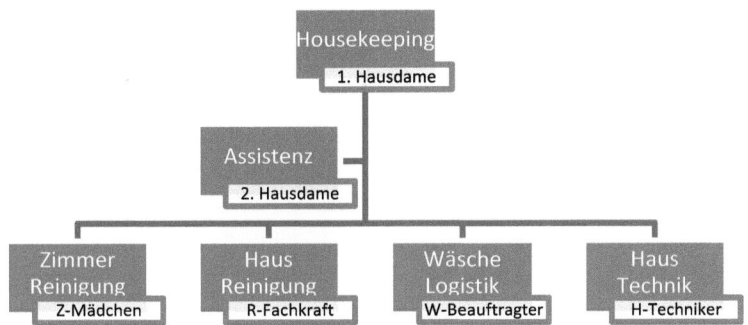

Auf der nächsten Seite können wir ein Organigramm eines 3-4-Sterne Hotels betrachten. Die Organisationsstrukturen sind in diesem Beispiel klassisch.

2.1.2. Organigramm: Beispiel 3-4* Hotel

```
                    ┌─────────────────────┐
                    │    Hoteldirektor/   │
                    │    Hotelleitung     │
                    └─────────────────────┘
```

Qualitäts-Beauftragte		Guestrelation-Manager
Room Division / Logis	Verwaltung / Administration	Food & Beverage
Reservierung / Online	Personalbüro / Personalentwicklung	Küche / Catering
Empfang / Rezeption	Einkauf / Beschaffung	Restaurant / Bar
Concierge / Infopoint	Lagerhaltung / Management	Frühstück / Frühstücksbuffet
Housekeeping/ Wäsche	Marketing	Events / Veranstaltungen
Technik / Wartung	Verkauf / Akquise	Wellness / Spa

2.2. Effiziente Mitarbeiterführung / Einsatzplanung

Mitarbeiterführung ist im Hausdamenbereich oft eine große Heraus-forderung. Einerseits haben wir gerade in dieser Abteilung eine große Fluktuation / Mitarbeiterwechsel und andererseits ist es schwierig geschultes Reinigungspersonal zu finden. Auch ist bei der Einsatzplanung an die Kosten zu denken und an den sich immer wieder verändernden und hohen Qualitätsanspruch der Gäste. Darum beginnen wir mit einem Selbsteinschätzungstest bezüglich unserer Fähigkeiten als Führungskraft, dann geht es weiter mit einer Checkliste für Vorstellungsgespräche und einem Arbeits-Bewertungsbogen. Wichtig auch sind die Dienstplanregeln und das Feed Back Gespräch sowie das Mitarbeiter Jahresgespräch. Zu guter Letzt sprechen wir über die Mitarbeitereinsatzplanung anhand der (magischen) „FORMEL".

2.2.1. (Selbst-) Einschätzungstest für Housekeeping-Führungskräfte

Eigenschaften (besonders stark = 10/9)	10/9 ☺☺	8/7 ☺	6/5 ☻	4/3 ☹	2/1 ☹☹
1. Haben Sie ausgeprägte analytische und konzeptionelle Fähigkeiten?					
2. Haben Sie ein gutes sprachliches Ausdrucksvermögen?					
3. Haben Sie gute Kenntnisse im Arbeits- und Tarifrecht?					
Haben Sie hohe soziale Kompetenz und Teamfähigkeit?					
Haben Sie mehrere Jahre Berufserfahrung im Personalbereich?					
Können Sie begeistern?					
Können Sie andere überzeugen?					
Können Sie sich behaupten?					
Sind Sie neuen Ideen aufgeschlossen?					
Sind Sie selbstsicher?					
Erreichte Punkte:					
Name:	Betrieb:				

2.2.2. Fragebogen Vorstellungsgespräch mit Bewertung

Name des Bewerbers:					
Datum:	Besonders stark / eher schwach				
Bewertete Kriterien	10/9 ☺☺	8/7 ☺	6/5 😐	4/3 ☹	2/1 ☹☹
Ausdrucks- & Überzeugungskraft					
Ausstrahlung & Begeisterungsfähig					
Fachwissen & Berufserfahrung					
Kreativität & Auffassungsgabe					
Lernfähig & Dynamisch					
Motivation & Zielstrebigkeit					
Offen & Vertrauenswürdig					
Selbstständig & Selbstsicher					
Sozialkompetenz & Teamfähigkeit					
Sprachgewandtheit & Fremdsprachen					
Erreichte Punkte:					
Stärken:	Schwächen:				

Qualitätseinschätzung	Punkte	Wert
Hervorragend	100-91	
Sehr gut	90-81	
Gut	80-71	
Befriedigend	70-61	
Mangelhaft	60-51	
Ungenügend	50-00	

2.2.3. Fragebogen/Beurteilungsbogen HSK Personal

Name:	Vorname:
Datum:	Durchgeführt von:

Beurteilungskriterien (10/9 = Besonders stark ausgeprägt)	10/9 ☺☺	8/7 ☺	6/5 ☺	4/3 ☹	2/1 ☹☹
1. Qualität der Reinigungsleistung					
2. Arbeitsmenge (Zimmer, m²)					
3. Belastbarkeit und Flexibilität					
4. Kostenbewusstsein und Sparsamkeit					
Organisationstalent und Arbeitseffizienz					
Durchsetzungskraft und Teamgeist					
Kommunikations- u. Kritikfähigkeit					
Firmenloyalität und Firmenidentität					
Kreativ & Lernfähig					
Verantwortungsbewusst					
Erreichte Punkte:					
Stärken:	Schwächen:				
Maßnahmen (z.B. Schulung):					

2.2.4. Rückmeldegespräch / Feedback Gespräch

Feedback Gespräche sind Führungsgespräche die regelmäßig stattfinden. Der Mitarbeiter/-in hat das Recht zu wissen wo er steht, was ist an seiner Arbeit gut, was muss verbessert werden. Welche Entwicklungschancen gibt es für ihn/sie?

Rückmelde- oder Feedback Gespräche haben mehrere Vorteile;

- Konstruktives Feedback fördert die Zusammenarbeit und hilft, Miss-verständnisse schon in der Anfangsphase zu vermeiden.
- Feedback fördert die Beziehung zu Ihren Mitarbeitern. Sie erfahren wie Sie auf bestimmte Situationen reagieren.
- Dem Mitarbeiter wird ermöglicht, nach seinem Charakter und nach seinen Fähigkeiten Tätigkeiten und Aufgaben eigenverantwortlich durchzuführen.

Checkliste für ein Feedbackgespräch:

Erfüllt/ Nicht erfüllt + Datum	Fragen / Beschreibung	Noch zu erledigen / Kommentar
o	Respektiere ich die Individualität meines Gesprächspartners?	Wertschätzung
o	Ergebnis kommentieren / kritisieren und nicht die Person	Der MA bleibt als Person unangetastet
o	Ist die Rückmeldung zeitnah?	
o	Keine Lösungsvorgaben für das Gespräch vorbereiten	MA soll während des Gesprächs selber Lösungen vorschlagen

o	Ist der Zeitpunkt für ein Rückmeldegespräch geeignet?	Termin überprüfen
o	Welches Verhalten habe ich wahrgenommen?	Beschreiben Sie Ihre Gefühle
o	Wie interpretiere ich dieses Verhalten?	Wie kann man das Verhalten der Ma interpretieren?
o	Welche Handlungsimpulse hat das Verhalten bei mir ausgelöst?	Positive oder negative Impulse!
o	Sichtweise des MA	MA erklärt seine Sichtweise ohne sich rechtfertigen zu müssen!
o	Eventuelle Beweggründe des MA	MA erklärt seine Beweggründe ohne sich rechtfertigen zu müssen!
o	Unterschiedliche Sichtweisen / Meinungen festhalten	
o	Gemeinsamkeiten festhalten	
o	Verbesserungen vornehmen	Siehe hierzu nächste Seite: Arbeitsanweisung Verbesserungswesen
o	Nächstes Gespräch planen	Mitarbeitergespräch, Jahreszielplangespräch, Feedbackgespräch oder Mitarbeiterbesprechung?

2.2.5. Checkliste für Tätigkeiten der Hausdame

<u>Täglich:</u>

- Überprüfung von Reklamationen oder Beanstandungen
- Arbeitseinteilungen des Reinigungspersonals
- Kontrolle der Aufräum- und Reinigungsaktivitäten
- Überprüfung der Beleuchtung und der Fluchtwege
- Benachrichtigung der Rezeption von Unregelmäßigkeiten (Mitnahme von Gegenständen: z.B. Handtücher, Bilder, Bademäntel, Doppelbelegung von Einzelzimmer, etc.)
- Überprüfung/Überwachung der Instandhaltungs- oder Wartungsarbeiten
- Freigabe der überprüften und fertigen / aufgeräumten Zimmer
- Zeitangaben für Reinigungsaktivitäten
- Arbeitsanweisungen für Sonderaufgaben (Schnellreinigung, Tapetenputz)
- Überprüfung der Rauchmelder und Sprinkleranlagen

Wöchentlich:

- Einkaufslisten und Wareneingangskontrolle (Wäsche, Reinigungsmittel, Ersatzteile z.B.) der bestellten Ware
- Überprüfung der Checklisten der vergangenen Woche
- Erstellung von Stunden- und wöchentlichen Arbeitsplänen
- Veranlassung und Überprüfung des Absaugens / Waschen der Vorhänge und Gardinen, Fensterreinigung
- Vorbereitung und Leitung der wöchentlichen Mitarbeiterbesprechung
- Rotation der Bettwäsche

Monatlich:

- Inventur der Wäsche
- Vorbereitung und Leitung der monatlichen Schulung (Vorstellung von neuen Produkten können auch von Lieferanten durchgeführt werden) / Workshops, Ideenfindung zur Qualitätsverbesserung
- Überwachung der Reinigung / Wäsche von Tagesdecken, Matratzenschoner, Bettvorleger, Vorhängen, Tischbezügen
- Überprüfung des Verfalldatums von Snacks und Getränken der Minibar
- Überprüfung und wenn nötig Reinigung der Türrahmen, Sockel, schwer zugängliche Ecken, Rückwände der Schränke, etc.

Pro Quartal / Jährlich:

- Veranlassung, Überwachung und Kontrolle des Rotationsplans der Matratzen
- und Reinigung der Bettfedern / Sprungrahmen
- Veranlassung, Überwachung und Kontrolle von Grundreinigungen
- Betten / Matratzenwechsel der häufig belegten Zimmer mit denen, die selten belegt wurden
- Überprüfung der Rotationspläne
- Überprüfung und Verbesserung der Checklisten
- Überprüfung der Arbeitsanweisungen
- Überprüfung und Abstimmung der Qualitätsstandards mit anderen Abteilungen

2.2.6. Dienstplanregeln

Dienstplanlaufzeit:

- Idealerweise werden Dienstpläne 1-2 Wochen im Voraus geplant
- Die Laufzeit eines Dienstplanes sollte 2 Wochen betragen
- Kurzfristige Veränderungen sollten nicht stattfinden
- Unvorhergesehene Engpässe sollten mit Extrapersonal abgedeckt werden
- Ankündigungsfristen bei Leihfirmen betragen in der Regel 3-5 Tage

Transparenz des Dienstplanes:

- Dienstpläne und deren Gestaltung sollte für alle Mitarbeiter transparent / nachvollziehbar sein
- Der Betrieb informiert seine Mitarbeiter über Geschäftsprognosen
- Der Betrieb stellt „Spielregeln" auf, z.B. Mitarbeiter mit kleinen Kindern haben Vorrang
- Rotation an Sonn- und Feiertagen
- Konfliktlinderung durch effiziente Kommunikation

Berücksichtigung der individuellen Wünsche:

- Befragung der MA nach Arbeitszeitwünschen noch vor der Dienstplanung
- Prioritäten setzen
- Nichtberücksichtigte Wünsche notieren und versuchen in der nächsten Planungsperiode diese Ansprüche zu erfüllen

- Eventuell ein Punktesystem einführen: Ein freies Wochenende nach Wunsch wird mit z.B. 3 Punkten notiert, ein freier Tag nach Wunsch mit 2 Punkten und eine Schicht nach Wunsch mit 1 Punkt. Ein nicht erfüllbarer Wunsch wird mit Minuspunkten notiert.

Strikte Umsetzung des Dienstplanes:

- MA müssen und sollen sich auf die Einhaltung des Dienstplanes verlassen können
- Unvorhergesehene Arbeitsausfälle sollten daher eher von „Externen" durchgeführt werden

Gerechte Urlaubsplanung:

- Die Urlaubsplanung basiert einerseits auf der Unternehmensplanung und andererseits auf den Wünschen der Mitarbeiter
- Die Planung sollte am Anfang des Jahres stattfinden
- Individuelle Urlaubswünsche sollten nach Möglichkeit berücksichtigt werden
- Bewilligte Urlaubspläne auf keinen Fall ändern
- Urlaub soll bis zum Jahresende abgegolten sein

2.2.7. Einsatzplanung mit der magischen „FORMEL"

Es folgt ein Kalkulationsbeispiel, um die Anzahl der Zimmermädchen in einem mittelständischen 4-Sterne-Schloss-Hotel mit einem Nebengebäude zu berechnen:

Schritt 1: Zuerst berechnen wir die Reinigungs-Durchschnittszeit für ein Zimmer. Der internationale Standard sind 26,5 Minuten /Zimmer. Wir rechnen etwas großzügiger und erhalten folgende Werte:

Internationaler Standard = 26,5 Minuten/Zimmer (Abreise-Bleibe-Zimmer)

Schloss Standard = 35 Minuten/Zimmer (Abreise- Bleibe-Zimmer)

Nebengebäude St. = 30 Minuten/Zimmer (Abreise- Bleibe-Zimmer)

Durchschnittszeit	32,5 Minuten/Zimmer (Abreise/Bleibe-Z.)

Gut zu wissen: Anreise- und Bleibezimmer brauchen meistens weniger Minuten. Trotzdem rechnen wir so, um Reserven für Extra-Checks zu haben.

Schritt 2: jetzt berechnen wir die zur Verfügung stehenden Zimmer:

22 Zimmer im Nebengebäude

32 Zimmer im Schlosshotel

---

54 Zimmer insgesamt (das sind ca. 1.755 Minuten zum Reinigen)

Schritt 3: Auslastungsvarianten; Die Zimmerauslastung ist in einem Stadthotel selbstverständlich anders als auf dem Lande; während der Woche ist das Hotel in der Stadt besser ausgelastet als das Landhotel.

In der Ferienzeit ist es genau umgedreht. In unserem Beispiel haben wir in der Nachsaison und während der Woche eine relativ schlechte Auslastung, die sich am Wochenende und in der Ferienzeit erfreulicherweise verbessert.

Auslastung in %	Zimmer	Minuten
40%	22 Zimmer	715 Minuten
60%	32 Zimmer	1.040 Minuten
80%	43 Zimmer	1.400 Minuten

Schritt 4: Zimmermädchen (ZM)

Die Arbeitsschicht der Zimmermädchen beträgt 6,5 Stunden in unserem Beispiel. Sie haben eine halbe Stunde Pause. Eine weitere halbe Stunde wird für Vor- oder Nach-Arbeiten einkalkuliert. Z.B. (kleine) Waschmaschine betätigen, Wäsche einräumen, Office rein und aufgeräumt halten, Wäschewagen „ölen", etc.
Effektiv arbeitet ein Zimmermädchen 5½. Das sind 330 Minuten in den Gästezimmern.

Die Supervisorin arbeitet 3 Stunden als Zimmermädchen, also 180 Minuten und 2 ½ Stunden als Checker (CK). Daraus ergeben sich folgende Formeln:

Auslastung/Zimmer	Minuten/Zimmermädchen
40%= 22 Z = 715 M	2 ZM/660 M + 1 CK/180 M = 840 Minuten
60%= 32 Z = 1040 M	3 ZM/990 M + 1 CK/180 M = 1170 Minuten
80%= 43 Z = 1400 M	4 ZM/1320 M + 1 CK/180 M = 1500 Minuten

Schritt 5: Anpassung

Diese Formel sollten Sie an Ihre Bedürfnisse anpassen.

Ein Hotel in einem Neubau mit adäquater Ausstattung ist bestimmt schneller fertig zu stellen, als ein denkmalgeschütztes Schlosshotel.

Kommentar: Das obenstehende Beispiel ist eine Kalkulation eines Schlosshotels. Für ein Durchschnittshotel kann man auch die üblichen Durchschnittswerte nehmen:

Abreisezimmer	20-30 Minuten	In einigen Hotels auch kürzer
Bleibezimmer	10-20 Minuten	Sollte nicht kürzer sein
Anreisezimmer	03-05 Minuten	Kurzer Check, lüften
Abendservice	03-05 Minuten	Turndown
Zimmercheck	05-10 Minuten	Supervisor
Quick-Check	01-03 Minuten	Supervisor oder Rezeption

2.3. Budgeting und Controlling im Hausdamenbereich

Die Hausdame hat auch Schreibtischaufgaben. So muss sie die Anzahl des Reinigungspersonals, bestehend aus den Reinigungskräften für den öffentlichen Bereich und Zimmermädchen, berechnen. Wenn sie die Haustechnik leitet kommt das Instandhaltungspersonal, Techniker, Elektriker, Maler und eventuell auch Gärtner, hinzu.

Die Anzahl der Reinigungskräfte der öffentlichen Räume und der Büros sowie die der Haustechnik ändern sich nicht mit der Zimmerauslastung. Hingegen ist die Anzahl der Zimmermädchen abhängig von der Hotelauslastung.

Hier ein weiteres Kalkulationsbeispiel:

Unser Beispielhotel hat 4* und 100 Zimmer (Einzel-& Doppelzimmer). Davon sind im Jahresdurchschnitt 3-5 % der Zimmer OOO/Out Of Order, beziehungsweise wegen Reparaturen und/oder Wartungsarbeiten nicht verfügbar. Kalkulatorisch stehen uns 96 Zimmer zur Verfügung, vorausgesetzt wir haben eine 100% Auslastung.

Ein Zimmermädchen ist 8 ½ Stunden im Betrieb. Davon arbeitet sie effektiv 7 ½ Stunden, also 450 Minuten. In einer Arbeitsschicht kann sie 15 Zimmer reinigen (450 M : 30 M/Zimmer = 15 Zimmer).

Die Auslastung des Hotels schwankt zwischen 50 und 90 Prozent

Nun kann die Hausdame ausrechnen, wie viele Zimmermädchen sie einsetzen muss:

2.3.1. Kalkulation Bedarf an Zimmermädchen

Kriterien / Belegung	50%	60%	70%	80%	90%
Anzahl der Zimmer (96 = 100%)	48	58	67	77	86
Tagesleistung pro Zimmermädchen	15	15	15	15	15
Tages-Zimmermädchen-Bedarf (Auf-/Abrundung)	3	4	5	5	6
Anzahl der angestellten Tages-Zimmermädchen bei einer 5-Tage-Woche / Kalkulation mit einem Zuschlagfaktor = 1,5	5	6	7	8	9
Abendzimmermädchen für den Turn Down Service	1	1	1	2	2
Angestellte Zimmermädchen für den Abendservice	2	2	2	3	3
Gesamtanzahl der angestellten Zimmermädchen	7	8	9	11	12

2.3.2. Forecasting pro Monat

Monat	Zimmer pro Monat	Auslastung in %	Zimmer pro Tag	Z-Mädchen pro Tag	Z-Mädchen am Abend	Insgesamt 1,5 Faktor
Januar 31 Tage	2.976	50	48	3	1	6
Februar 29. Tage	2.688	60				
März 31 Tage	2.976	60				
April 30.Tage	2.880	65				
Mai 31 Tage	2.976	75				
Juni 30 Tage	2.880	70				
Juli 31 Tage	2.976	60				
August 31 Tage	2.976	65				
September 30 Tage	2.880	80				
Oktober 31 Tage	2.976	80				
November 30 Tage	2.880	70				
Dezember 31 Tage	2.976	60				
Durchschnitt	2.920	66				

Anmerkung: Die Zahlen sind auf- bzw. abgerundet. Die Auslastungs-raten / Auslastungsprozente sind Werte, die aus der Fachzeitschrift Top Hotel und Internet stammen. Die Bedarfskalkulation stellt keinen Anspruch auf Perfektion. Es sind Schätzungen, die helfen, eigene Berechnungen zu tätigen. Zudem bitte beachten:

- Die Arbeitserfahrung der Zimmermädchen
- Die Qualitätsstandards für den Housekeeping- Bereich
- Die Sternekategorie Ihres Hotels (2, 3, 4 oder 5 Sterne)
- Die Struktur und Reiseerfahrung Ihrer Gäste (Familie oder Business)
- Die Zimmergröße (Standard oder Suite?)
- Die Zimmermöblierung (alt oder neu, Schleiflack?)
- Die Zimmerstrukturen (viele Ecken und Winkel?)

2.3.3. Zusammensetzung der Personalkosten

Die Hausdame führt die Lohnbuchhaltung nicht. Trotzdem sollten die Personalkosten mit den möglichen Zuschlägen bedacht werden.

Zusammensetzung der Personalkosten:

- Löhne & Gehälter
- Nachtzuschläge
- Urlaubsgeld
- Leistungsprämien
- Abfindungszahlungen
- Aushilfen
- Überstundenvergütung
- AG Anteile (Arbeitslosen-, Renten-, Pflegeversicherung)
- Versicherungsprämien
- Pensionszahlungen
- Berufsgenossenschaft
- Verpflegung
- Firmenwagen bzw. Fahrtkosten

2.4. Qualitätsstandards und Qualitätssicherung

2.4.1. Qualitätsmanagement & Qualitätsstandards

Die Standards eines Hotels sind eminent wichtig und garantieren dem Betrieb eine immer gleichbleibende Qualität, gerade auch im Hausdamen-bzw.- Housekeeping Bereich.

Die Qualitätsstandards sind Teil eines Qualitätsmanagementsystems. Dieses QMS kann nach DIN EN ISO 9001 geprüft sein. Einige Hotels führen die Qualitätsstandards ein und prüfen sie intern ohne sie von externer Seite überprüfen zu lassen. Das hat seine Vorteile wegen geringeren Kosten, aber auch Nachteile; es kann zu Betriebsblindheit führen oder die Prüfer sind zu großzügig oder zu streng in der Beurteilung.

Durch die interne und/oder externe Überprüfung der Standards erzielen wir eine nachweisbare und empfehlenswerte Qualitätssicherung.

Unsere Qualitätsstandards für Hotels wurden von TÜV und CERTQUA (DIHK) auf Normkonformität nach DIN EN ISO 9001 und Marktorientierung geprüft. Über 50 Betriebe arbeiten mit unserem Qualitätsmanagement bzw. mit unseren Qualitätsstandards.

Das HOTQUA Qualitätsmanagementsystem beinhaltet folgende Qualitäts-standards:

- Qualitätsmanagementhandbuch / QM-Handbuch für Mitarbeiter

- Qualitätsstandards Hotelleitung

- Qualitätsstandards Qualitätsbeauftragte

- Qualitätsstandards Personalmanagement

- Qualitätsstandards Empfang und Reservierung

- Qualitätsstandards Housekeeping

- Qualitätsstandards Haustechnik
- Qualitätsstandards Küchenbereich
- Qualitätsstandards Restaurant
- Qualitätsstandards Frühstück
- Qualitätsstandards Wellness
- Qualitätsstandards Bankett und Events
- Qualitätsstandards Verkauf

Diese Qualitätsstandards können Sie auch unter www.hotqua.de erwerben.

2.4.2. Qualitätssicherung

Die Einführung der Housekeeping Standards mit Haustechnik und Wäschelogistik führen zur Qualitätssicherung.

Housekeeping:

- Arbeitsanweisung: Housekeeping – Standards
- Arbeitsanweisung: Verhalten im Housekeeping
- Arbeitsanweisung: Reinigung einer Abreise
- Arbeitsanweisung: Reinigung einer Bleibe
- Ablaufplan der Unterhaltsreinigung
- Arbeitsanweisung: Reinigungsplan
- Arbeitsablauf Öffentliche Räume
- Checkliste für Tätigkeiten der Hausdame
- Checkliste Zimmer und Bad
- Quick Checkliste
- Checkliste Reinigungs- & Rotationsplan
- Checkliste Toiletten / WC
- Stellenbeschreibung Hausdame und Reinigungs(fach)kraft

Haustechnik:

- Arbeitsablauf: Tagesreport Technik
- Arbeitsanweisung: Täglicher Rundgang Haustechnik
- Checkliste: Elektroprüfung am……
- Checkliste: Überprüfung der Einrichtung/ Arbeitsumgebung
- Checkliste: Überprüfung der Zimmer
- Checkliste: Fahrradcheck

- Checkliste: Sommer / Winter
- Stellenbeschreibung: Haustechniker / Elektriker / Gärtner

Wäschelogistik:

- Aufgaben des Wäschebeauftragten
- Housekeeping Office Logistik
- Quick Checkliste
- Wäschebestückungsablauf
- Zimmerliste

2.4.3. Checkliste Housekeeping Standards

1. Gästezimmer sind bis 16.00 Uhr gereinigt, geprüft und freigegeben

2. Zwischen 22.00 Uhr und 8.00 Uhr dürfen die Gäste nicht gestört werden.

3. Zwischen 22.00 Uhr und 8.00 Uhr keine lärmenden Arbeiten durchführen

4. Zu keiner Zeit dürfen laute Gespräche zwischen dem Personal geführt werden

5. Das Personal klopft 3-mal an die Zimmertür, wartet 3 Sekunden (21, 22, 23). Wenn sich niemand meldet, klopft der Mitarbeiter erneut und betritt das Zimmer.

6. Zimmer mit einem „ Bitte nicht stören"- Schild werden nicht betreten, Nach: 12:30 Uhr stellt die Hausdame die Zimmer mit den „Bitte nicht stören" -Schild fest. Um 13.00 Uhr klärt die Hausdame mit der Rezeption wie weiter verfahren wird. In einigen Fällen wird der Gast telefonisch kontaktiert, um sich zu überzeugen, dass es ihm gut geht und fragt nach dessen Wünschen, z.B. Reinigung oder Handtücher

7. Abreisen werden gereinigt, wenn sich kein Gepäck im Zimmer befindet

8. Frühabreisen, die bereits als Bleiben geputzt wurden, werden nachträglich als Abreisen geputzt

9. Tägliche Übergaben zwischen Housekeeping und Rezeption

10. Gegenstände, die der Gast wünscht, wie z. B. ein zweites Kopfkissen, müssen innerhalb der vereinbarten Zeit übergeben werden. Der Gast wartet nicht länger als 10 Minuten

11. Gästewünsche werden auf dem Tagesprotokoll und auf den Trace -Listen vermerkt.

12. Gästezimmer werden auch auf Wunsch des Gastes nicht geöffnet, der Gast wird höflich an die Rezeption verwiesen.

13. Gästewünsche werden entgegen genommen, und sofern nicht selbst erfüllbar, sofort an die entsprechende Abteilung weitergeleitet. Es wird durch Nachfragen sichergestellt, dass der Gastwunsch erfüllt wurde. Erst nach Erledigung ist der Mitarbeiter aus der Verantwortung (Pate des Problems)

14. Es muss jederzeit eine ausreichende Anzahl an Bedarfsartikel vorhanden sein, um jeglicher Nachfrage gerecht zu werden.

15. Die Fundsachen aus öffentlichen Bereichen werden der Hausdame übergeben.

16. Die Fundsachen aus den Gästezimmern werden von dem Zimmermädchen ebenfalls an die Hausdame übergeben, mit Datum und Zimmernummer.

17. Die Fundsachen werden am Ende des Tages ins Fund-Buch eingetragen, so dass die Rezeption bei Anfrage Zugriff hat.

18. Die Rücksendung der Fundsachen erfolgt auf Kosten des Gastes. Die Rücksendung ins Ausland erfolgt nur mit einer schriftlichen Kostenübernahmeerklärung des Gastes.

19. Bei Verlust oder Beschädigung von Gasteigentum während des Aufenthaltes muss die Hausdame und die Rezeption verständigt werden.

20. Reparaturen aus allen Bereichen werden von jedem Mitarbeiter der im Hotel beschäftigt ist, umgehend an die Technik weitergeleitet.

21. An den Werktagen wird ein Wäsche- und Bügelservice angeboten. Bei Abgabe bis 9.00 Uhr erfolgt die Rückgabe am gleichen Abend.

22. Fluchtpläne in jedem Gästezimmer und auf den Fluren müssen vorhanden sein.

23. Safe im Zimmer oder ein zentraler Safe an der Rezeption müssen vorhanden sein.

24. Ausgebrannte Glühbirnen müssen sofort ausgetauscht werden.

25. Alle Teppiche müssen in einem guten Zustand und ohne Flecken sein.

26. Feuerlöscher müssen an allen vorgegebenen Plätzen vorhanden sein. Sie müssen regelmäßig kontrolliert werden, ob die Plomben verschlossen sind, gebrochene werden an die Technik weitergeleitet.

27. Alle Gänge und Nottreppen müssen frei von Hindernissen sein.

28. Die Notausgangsschilder müssen gut sichtbar über dem Türeingang/-ausgang angebracht sein.

29. Die Wände und Ecken müssen gegen Stöße von Wäschewagen und Zimmerreinigungswagen geschützt sein.

30. In belegten Zimmern ist die Sicherheit des Gasteigentums sicherzustellen.

31. Angebrochene Gästeartikel in Bleibezimmern werden nur ausgetauscht, wenn sie verbraucht oder unansehnlich sind. Neue Artikel werden bereit gelegt.

32. Die Standards für die Überprüfung der Sauberkeit in den Gästezimmern sind für Bleibe- und Abreisezimmer identisch.

33. Alle gereinigten Zimmer werden von der Supervisorin gecheckt

34. Die Empfangsleitung und die Hausdame überprüfen stichprobenartig die Gästezimmer. Schwerpunkt sind die an dem Tag zu belegenden Zimmer

35. Es wird ausschließlich bei geöffneter Zimmertür gearbeitet. Der Arbeitswagen und das Arbeitsmaterial der Zimmerfrau sind im direkten Arbeitsbereich der Zimmerfrau zu platzieren.

36. Alle Reparaturen in den Zimmern, die die Gäste belästigen könnten, wie z.B. durch Geruch, Geräusche oder starke Verschmutzung, sind mit der Hausdame abzusprechen.

37. Auf dem Boden liegende Kleidungsstücke werden ordentlich über dem Stuhl gelegt. Persönliche Gegenstände werden, sofern nicht zur Reinigung des Zimmers notwendig, nicht angerührt. Bargeld, Schmuck etc. werden nicht berührt, die Hausdame ist umgehend zu informieren. Ist der Zustand des Zimmers extrem, so ist ebenfalls die Hausdame zu informieren, welche dann über das weitere Vorgehen entscheidet.

38. Alle Zimmer haben ein Telefon und Direktwahlmöglichkeit.

39. Hinweise für die Benutzung des Telefons und Liste mit Gebühren.

40. In den Gästezimmern werden grundsätzlich keine eingehenden Telefonanrufe entgegen genommen.

41. TV mit Fernbedienung.

42. Ein Fernsehprogramm, sowie eine Liste der verfügbaren TV-Kanäle ist vorhanden, sowie W-Lan

43. Eine Minibar, Gläser und Zubehör sind vorhanden

44. Alle Matratzen sind mit einem Matratzenganzbezug ausgestattet, der thermo- regulierend u. undurchlässig für Flüssigkeiten, Viren, Milben ist.

45. Gäste erhalten auf Anfrage Allergiker-Kissen, Decken.

46. Auf dem Bett oder dem Schreibtisch ist ein Gästefragebogen vorhanden

47. Im Kleiderschrank befinden sich: 5 Hosenbügel/Bett, 1 Näh Etui, 1 Schuhlöffel, 1 Schuhputztuch, 1 Bademantel pro Person.

48. Die Bibel befindet sich im Nachttisch

49. Der Standard im Badezimmer beinhaltet:

- 2 Badehandtücher, 2 Handtücher, 1 Vorleger, 2 Duschhauben
- Abfallbehälter, Fön auf der Ablage
- einen Duschvorhang/Duschwand
- Haken für Bademäntel oder sonstiges
- Hygienebeutel, Zahnputzgläser, Kosmetiktücher
- Kosmetikspiegel für Make-up und Rasur
- Toilettenpapier, beide Rollen ausgepackt und eingeschlagen

50. Das Housekeeping hat folgendes auf Lager:

- Antirutschmatten, Bade- und Duschgel
- Bettbretter, Bügeleisen und Bügelbrett
- Duschhauben
- Extrabetten, Babybetten
- Kleiderbügel, Reservekissen und Decken
- Rasiersets, Zahnputzsets
- Scheren

3. Hausreinigung

Unter Hausreinigung verstehen wir Pflege und Sauberhalten der öffentlichen Räume. Zu den öffentlichen Räumen gehören Restaurant, Frühstücksraum, Gänge, Treppenhäuser, Toiletten, Wellnessbereich mit Sauna und Fitnessraum und/oder Beauty, Kegel- bzw. Bowling- Bahn bis hin zum Clubraum und Wintergarten als auch Veranstaltungs- und Tagungs-räumlichkeiten. Zutritt zu den öffentlichen Räumlichkeiten haben Hausgäste und deren Gäste als auch Tagesgäste und Veranstaltungsteilnehmer.

3.1. Hausreinigung der öffentlichen Räumlichkeiten

3.1.1. Vorbereitende Arbeiten

Bevor wir mit dem Herrichten und Reinigen beginnen, kontrollieren wir unseren Etagenwagen ob er alle Arbeitsutensilien, Putzmittel, Materialien und Wäsche beinhaltet. Sollten wir mit dem Putzkorb arbeiten, beinhaltet dieser eine Grundausstattung und zusätzlich einen Eimer, in einigen Fällen auch eine Leiter; Lederlappen, Gläser- und Staubtücher, Putzschwämme, Bürsten (WC-Bürste im Behälter), Putzmittel, Möbelpolitur, Schrubber, Aufnehmer, sowie Flüssigseife zum Nachfüllen der Spender, Handtuchrollen, Papierhandtücher, etc. Den Müllsack bitte nicht vergessen.

Grundausstattung für den Putz – Korb:

- 1 Flasche Allzweckreiniger
- 1 Flasche Glasreiniger
- 1 Flasche WC Reiniger,
- Bürsten (WC-Bürste im Behälter)
- Flüssigseife zum Nachfüllen der Spender
- Kosmetiktücher

- Lappen in verschiedenen Farben, z.B. rot = WC, blau = Armaturen, weiß = Spiegel, grau = Kacheln
- Verschiedene Müllsäcke wegen Mülltrennung
- Putzschwämme (z.B. 1 x rot, 1 x blau)
- Sanitärreiniger
- Verschiedene Putzmittel
- Wischmopp

3.1.2. Reinigung der Öffentlichen Räume

Zu den Öffentlichen Räumen gehört das Restaurant, der Frühstücks-raum, die Veranstaltungsräume, die Toiletten, den Hoteleingang, Etagengänge/ Flure und im Sommer den Innenhof. Diese Räume sind täglich genau so gründlich zu putzen wie die Gästezimmer und Gästebäder.

Arbeitsanweisungs- Empfehlungen:

- Fenster: Glas reinigen wir mit Wasser, Spiritus, eventuell Glasreiniger und einem Fensterleder. Größere Flächen säubern wir mit einem Fensterreiniger. Die Fensterrahmen werden mit Seifenwasser abgewaschen und mit einem fusselfreien Lappen getrocknet. Bei starkem Frost oder Sonneneinwirkung müssen wir das Fensterputzen verschieben. Sollten wir eine Leiter benutzen, ist äußerste Vorsicht geboten.

- Fußböden: Stein-, Marmor-, Kunststein- oder Fliesenböden wischen wir feucht (bei starker Verschmutzung auch nass) ab, warten bis alles trocknet und bohnern anschließend. Achtung! Der Fußboden darf nicht zu glatt werden. Teppichböden saugen wir und eventuelle Flecken entfernen wir mit Teppichshampoo. Holzböden wischen wir feucht ab. Wöchentlich wird er Eingewachst und anschließend gebohnert.

- Heizkörper: Die Heizkörper werden mit einer Spezialdüse gesaugt oder mit einer Heizkörperbürste gesäubert. Nur kalte Heizkörper werden mit einem feuchten Lappen abgewischt.

- Lampen und Lampenschirme: Vor dem Säubern ziehen wir den Stecker heraus und wischen Staub oder bürsten den Staub ab. Leichte Verschmutzungen können mit einem feuchten Tuch entfernt werden. Danach schließen wir die Lampe/-n wieder an.

- Ledergarnituren: Bei starker Verschmutzung mit einem nassen Lappen abwaschen, ansonsten nur mit einem feuchten Tuch Staub wischen. Zwischen den Ritzen mit einer Spezialdüse saugen. Eventuell mit einem farblosen Lederspray nachbearbeiten.

- Polstermöbel: Absaugen, auch zwischen den Ritzen und unter dem Sitzpolster. Flecken mit Schaum-reiniger putzen.

- Möbel: Je nach Oberfläche werden unsere Möbelstücke besonders behutsam gesäubert. Rohes Holz wird abgestaubt und mit einem feuchten Tuch abgewischt. Flecken werden mit Stahlwolle abgezogen und nachbehandelt. Gewachstes /Gebeiztes Holz wird abgestaubt und mit Wachs nachpoliert. Poliertes Holz mit feuchtem Fensterleder säubern und anschließend nachpolieren. Oberflächen aus Metall mit einem feuchten oder nassen Tuch säubern und anschließend trocknen.

- Stahlrohrmöbel: Mit Poliertuch sauber halten.

- Türen: Holztüren und Rahmen stauben wir ab und behandeln sie mit Möbelpolitur. Metalltüren und lackierte Türen, sowie Türrahmen waschen wir mit leichtem Seifenwasser ab und trocknen anschließend von unten nach oben, um Streifen zu verhindern.

- Vorhänge und Gardinen: Vorhänge aus dickem Material absaugen oder abbürsten und von Zeit zu Zeit waschen oder reinigen lassen. Gardinen und dünne Vorhänge öfter in der Waschmaschine waschen und feucht aufhängen.

- Wände: abwaschbare Wände wischen wir mit einem feuchten Tuch ab. Nichtabwaschbare Wände saugen wir oder stauben sie ab. Holzwände stauben wir ab und falls erforderlich fahren wir mit einem mit Möbelpolitur angefeuchteten Tuch, in Richtung der Maserung, darüber.

- Toiletten: Siehe hierzu Arbeitsanweisungen Zimmerreinigung.

3.2. Beispiel Reinigungsablauf im Öffentlichen Bereich

(Mit Tätigkeiten in der Waschküche, die in unserem Beispiel neben dem Umkleideraum liegt)

- 07:00 Waschküche: Frühmorgens zuerst in die Waschküche gehen, (Frottee) Wäsche sortieren und waschen; später dann im Laufe des Tages trocknen, falten und verteilen / lagern

- 07:15 Wellness und Öffentliche WC: Reinigung und Desinfektion der öffentlichen Toiletten, danach Wellnessbereich komplett säubern

- 09:45 Pause

- 10:00 Waschküche: Wäsche sortieren, waschen, trocknen, falten, verteilen

- 11:00 Hotel-Erdgeschoss: Gänge saugen im Erdgeschoss, auf Gäste achten, nichts rumliegen lassen

- 11:30 Restaurant und Öffentliche WC´s: Kontrolle, Reinigung und Desinfektion der Toiletten, Restaurant komplett saugen, vorher Brotkrümel von den Tischen und Stühlen entfernen

- 12:00 Wintergarten: Zumindest 2 x pro Woche Fußboden nass aufwischen, Spinnweben von Lampen und Ecken entfernen, Staub wischen

- 12:30 Mittagspause

- 13:00 Nebengebäude: Reinigung (saugen und Staub wischen) der Gänge und Treppen, Kontrolle der vier Offices und der Schränke. Sorge tragen, dass genügend Wäsche, Getränke für die Minibar und Putzmittel im KH sind. Getrennt lagern!

- 14:00 Hotel: Reinigung (saugen und Staub wischen) der Gänge im ersten und zweiten Obergeschoss sowie der

Treppen. Kontrolle der Offices und der Schränke. Sorge tragen, dass genügend Wäsche, Getränke für die Minibar und Putzmittel im Hotel sind. Achtung: Getrennt lagern!

- 15:00 WC im Hotel und anschließend Waschküche: WC im Parterre des Hotels kontrollieren und reinigen. Danach in der Waschküche die restliche Wäsche aus dem Trockner nehmen, falten und verteilen. Danach die Waschmaschinen und Trockner ausschalten.

- 15:30 Ende: Nötige Reparaturen und besondere Vorkommnisse an der Rezeption melden bzw. ins Schichtbuch eintragen und dann Feierabend machen!

3.3. Ablaufplan Unterhaltsreinigung

Beispiel: öffentliche Räume und Büros

T = Täglich, W = Wöchentlich, M = Monatlich

Zeiten	T	W	M	#	Tätigkeiten
					Waschmaschine mit Putzlappen füllen
				1	Reinigung der Gäste WC´s
					WC´s innen, oben, hinten, PP, Waschbecken, alle Kacheln,
					Spiegel, Spender, Seifenspender auffüllen, WC Papier, Mülleimer leeren und auswischen
					Türen mit Rahmen und Fußboden
				2	Reinigung Hallenbereich
					Glastische, Standascher, Bilderrahmen, Spiegel, Fensterbretter,
					Ledermöbel, Glastüren von Hoteleingang vorne, hinten, Innen-
					Teppich und Fußboden Halle
					Empfangs- Tresen und Prospekthalter
					Lampenschirme innen und außen
					Prospekthalter neben Terrasse
					Standascher innen und außen
				3	Reinigung Büros
					Schreibtische, Mülleimer, Fensterbretter, Teppich saugen
					Leisten
					Teppichleisten und Ränder
				4	Reinigung Restaurant

					Lampenschirme				
					Holzleisten, Fensterbretter, Geländer				
					Gardinenstangen, Messingleisten, Tischumrandung				
					Eingangstürgriff				
					Eingangstür Restaurant (Service Team)				
					Fußbodenmessingleiste (Service Team)				
					Fußboden, Treppe zur Küche (Service Team)				
					Bilderrahmen, Holzwände (Service Team)				
					Mülleimer und Ascher (Service Team)				
					Polster feucht (Service Team)				
					Holzblende (Service Team)				
				5	Reinigung der Terrasse (Technik)				
					Terrasse fegen und Blumen gießen (Technik)				
					Parkplatz, Blumen, Garten (Technik)				
				6	Reinigung Parkplatz (Technik)				
					Parkfläche fegen (Technik)				
					Parkflächen Kontrollgang (Technik)				
					Einfahrt (Technik)				
					Hausfassade (Technik)				
					Fensterbretter außen (Technik)				
					Speisekasten (Technik)				
				7	Wäschekammern				
					Container in Wäschekammer auffüllen				
				8	Reinigung Umkleideräume Personal				
					WC-Bereich				
					Müll				

				Umkleideschränke außen und oben
				Fußboden
				Papierhandtücher, WC, Papier und Seife
				Kacheln
			9	Reinigung Treppenhäuser
				Treppe Altbau
				Treppe Neubau
				Treppe, Fensterbrille, Bilder, Feuerlöscher
			10	Reinigung Konferenzraum
				Fußboden und Fenster
				Teppich und Ränder saugen
				Müll
			11	Reinigung der Lobby
				Behinderten WC´s, Waschbecken, Fußboden etc.
				Fußboden Lobby (3x täglich saugen)
				Leisten, Türrahmen und Bilderrahmen
			12	Tätigkeiten nach 15.00h
				Etagenmüll sortieren
				Etagenspiegel
				Treppenhausglastüren und Rahmen
				Den Etagenmüll sortieren
				Kontrolle der Gäste WC´s
				Nochmals Einsammeln der Zigarettenkippen Terrasse

Reparatur/Wartung/Kommentar:

3.4. Checkliste Gastronomische Räume

Sauberkeit des Frühstücksraums und Funktionstüchtigkeit der Gegenstände überprüfen:

- Türen, Eingangstüren, Fenster / Fußboden
- Tische (Stabilität) / Stühle (Stabilität)
- Wände (Spinnfäden),
- Lampen (Spinnfäden), Kerzenständer, -halter
- Vorhänge / Dekoration
- Toiletten Damen / Toiletten Herren
- Informationsmaterial / Tageszeitung
- Zierpflanzen / Topfpflanzen / Schnittblumen

Sauberkeit und Zustand der Arbeitsutensilien/Geschirr/ Besteck/Gläser, überprüfen

- Gläser/Porzellan/Geschirr, Besteck
- Menagen, insbesondere Zucker, Brotkörbe
- Servietten, Tischtücher /Glastischplatten
- Beistelltische, Ablageflächen
- Tabletts / Platten
- Samowar , Kaffeekanne / -n
- Teebehälter (voll?) und Teeutensilien

Geprüft am: _____Von: _____

Kommentar: _____

3.5. Checkliste für zeitversetztes Arbeiten

Frühdienst: Ab 05:00/06:00

- Öffentlicher Bereich; Den öffentlichen Bereich komplett wischen
- Hotellobby wischen, fegen etc.
- Saal reinigen und kontrollieren
- Clubzimmer reinigen und kontrollieren
- Wintergarten reinigen und kontrollieren
- Terrassenzimmer reinigen u. kontrollieren
- PC- Zimmer reinigen und kontrollieren
- Eingangsbereich reinigen
- Eingangstür und Eingangstreppe
- Empfangsbereich
- Wandlampen entstauben
- Flur zum Restaurant
- Treppenhäuser u. Fahrstühle reinigen u. kontrollieren
- Öffentliche Toiletten reinigen und wischen

Vormittagsdienst: Ab 08:00/09:00

- Zimmerliste anfordern
- Wäschewagen kontrollieren/bestücken
- Zimmer nach Plan reinigen (30 Min./Z)
- Schmutzwäsche
- Waschmaschine (nur Handtücher)

- Lagerräume / Staubsauger kontrollieren
- Minibarlager kontrollieren u. bestücken (Achtung Verfallsdatum)
- Toiletten im öffentlichen Bereich kontrollieren
- Notizen machen

Nachmittagsdienst: Ab 14:00/15:00

- Einsatz und Tätigkeiten nach Planung der Hausdame
- Turn Down Service (?)
- Bügelservice (?)
- Kleiderreinigung (?)

4. Zimmer- & Badreinigung

4.1. Verhaltensanweisungen im Housekeeping

- Unsere Gäste werden freundlich begrüßt
- Wenn der Name bekannt ist, mit Namen angesprochen.
- Der Umgang Gästen und Kollegen gegenüber sollte höflich und freundliche sein, um ein gutes Klima zu ermöglichen.
- Den Mitarbeitern anvertraute Geräte, Maschinen, Werkzeuge und sonstige Betriebseinrichtungen sind sachgemäß und sorgfältig zu behandeln. Verlust oder Sachbeschädigung von Hoteleigentum ist sofort dem Vorgesetzten zu melden.
- Mit Arbeitsmitteln, wie Chemie, Energie, Wasser und Gästeartikeln wird pfleglich und sparsam mit umgegangen.
- Das Etagenoffice ist täglich zu reinigen und in einem ordentlichen Zustand zu verlassen. Arbeitswagen werden gereinigt und aufgefüllt.
- Defekte oder fleckige Wäsche wird gesondert abgegeben.
- Der Wäschewagen ist, sobald die Schmutzwäsche über die Seitenwände hinausragt, auszuleeren.
- Wäschewagen, Zimmermädchenwagen und Staubsauger sollten während des Arbeitens ordentlich auf den Fluren platziert werden.
- Es wird niemals in mehreren Zimmern gleichzeitig gearbeitet. Eine begonnene Zimmerreinigung wird immer beendet und nicht durch Pausen oder andere Reinigungsarbeiten unterbrochen.
- In den Gästezimmern werden grundsätzlich keine Telefonanrufe entgegengenommen.

- Es ist nicht gestattet von den Gästezimmern aus Telefongespräche zu führen.
- Die Benutzung des Fernsehers ist untersagt.
- Die Entgegennahme der Zimmerlisten und der Key- Cards / Schlüsselkarten erfolgt nur gegen Unterschrift. Die Key-Card ist stets an der Kleidung befestigt zu tragen, bei deren Verlust ist sofort die Hausdame zu verständigen.
- Größere Beutel oder Taschen werden nicht mit auf die Etagen genommen. Private Handys sind auf der Etage untersagt.
- Das Rauchen und die Einnahme von Speisen auf den Fluren oder in den Zimmern sind strengstens untersagt.
- Einladungen von Gästen sind grundsätzlich abzulehnen. Gespräche mit Gästen über private oder betriebliche Belange sind nicht gestattet.
- Sollte ein Gast zudringlich werden, ist der Arbeitsbereich zu verlassen und sofort die Hausdame zu verständigen.
- Der Aufenthalt in den öffentlichen Bereichen des Hotels ist ausschließlich aus dienstlichen Gründen gestattet.
- Alle Mitarbeiter haben auf ein sauberes und gepflegtes Äußeres zu achten.
- Alle Zimmerfrauen tragen Dienstbekleidung und haben stets ein gepflegtes Erscheinungsbild, d.h. saubere Dienstbekleidung und Schuhe, sowie Namensschild.
- Die Zimmerlisten sind für den Gast nicht sichtbar auf dem Wagen zu lassen.
- Laute Unterhaltungen sind unter allen Umständen auf den Fluren zu vermeiden.

- Die Zimmerfrau hat sich nur auf den ihr zugeteilten Etagen aufzuhalten, damit sie jederzeit erreichbar ist und man in Gefahrensituationen über ihren Standort Bescheid weiß.
- Notausgänge und Feuertüren dürfen nicht verstellt werden.
- Die Benutzung des Fernsehers, des Telefons ist untersagt. Verstöße gegen diese Regelung werden als Betrugsversuch gewertet und strafrechtlich verfolgt.
- Das Reinigen mit Bettwäsche oder Frotteewäsche ist nicht erlaubt. Bettwäsche, Tagesdecken, Bettdecken usw. gehören niemals auf den Boden, immer auf dem Stuhl, Bett oder Kofferbock ablegen.

4.2. Reinigung einer Abreise

Anklopfen, meldet sich niemand, Zimmertür vorsichtig öffnen und mit den Worten „Housekeeping, Guten Tag" das Zimmer betreten. Ist kein Gast im Zimmer, wird wie folgt vorgegangen:

Zimmerreinigung

- Gardinen aufziehen

- Fenster öffnen, Licht löschen

- Abfalleimer sowie Gläser leeren und zum auswaschen ins Bad stellen.

- Betten abziehen, Hygienebezüge feucht abwischen, wenn nötig wechseln, Bettzeug zum Lüften über den Stuhl legen.

- Schmutzwäsche in den Wäschewagen werfen, nicht auf den Boden.

- Papier, Verpackungsmaterial und Restmüll sind getrennt zu entsorgen.

- Betten beziehen. Beim Beziehen der Bettwäsche auf Beschädigungen achten. Defekt Wäsche extra legen und im Hausdamenbüro abgeben. Beim Beziehen der Kopfkissen und Decken darauf achten, dass die Ecken herausgezogen sind.

- Nachtkästen inkl. Schubladen, Bettkanten und Schreibtische feucht aus- bzw. abwischen.

- Telefon feucht abwischen, Hörer nicht vergessen.

- Bettlampen, Tische, Fernseher und Fernbedienung, Stehlampen Radiowecker und dahinter feucht abwischen.

- Bilder, Fensterbänke und Heizungen feucht abwischen.

- Flurspiegel und Fluchtplan feucht abwischen.

- Kleiderschrank oben und innen feucht auswischen, Kleiderbügel ausrichten und auf Vollständigkeit überprüfen.
- Listen, Näh Etui und Schuhanzieher nachlegen.
- Türen und Türrahmen feucht abwischen.
- Minibartabletts und Gläser säubern. Ebenso den Bereich hinter dem Tablett säubern.
- Tür Stopper feucht abwischen.
- Zimmer komplett saugen. (Auch unter Betten)
- Nach Abschluss der Zimmerreinigung Flur saugen.

Badreinigung

- Schmutzige Wäsche in den Wäschewagen, Gläser und Mülleimer auswaschen, polieren und ins Zimmer zurück
- Hygieneeimer ausleeren und reinigen.
- WC Becken mit Kalklöser einweichen
- Toilettenbecken mit der Bürste reinigen
- Toilettenbrille innen und außen mit einem Lappen reinigen.
- Toilettendeckel innen und außen abwischen, Toilettenknie nicht vergessen.
- WC-Bürstenhalter und Sockel reinigen.
- Spülknopf abwischen, Toilettenpapierhalter und Reservehalter abwischen, Spritzbereich um das WC reinigen.
- WC-Papier, falls notwendig bestücken.
- WC-Papier nach Vorgabe falten.
- Dusche/Wanne, Wandfliesen, Duschtüren, Abflüsse und Armaturen gründlich abseifen, abtrocknen und polieren.

- Duschstange, Seifenschale, Brausekopf säubern, gründlich abspülen und polieren.
- Duschvorhang ausrichten und wenn nötig wechseln.
- Waschbecken, Ablagen und Armaturen, abseifen, trocknen und polieren.
- Zahnputzgläser auswaschen, Spiegel säubern, Spritzbereich abwischen.
- Badezimmertür und Rahmen feucht abwischen.
- Kosmetiktücher-Box und Hygienebox säubern und ggf. bestücken. Fön und Halterung, Kosmetikspiegel, Steckdosen und Lichtschalter reinigen.
- Bad nach vorgegebenem Standard bestücken.
- Badezimmerboden saugen, anschließend wischen, auch in den Ecken, unter der Heizung und hinter der Tür.

Zum Abschluss, Fenster schließen, Gardinen und Möbel ausrichten, darauf achten, dass das „Bitte nicht stören" Schild mit der roten Seite sichtbar hängt. Zimmertür schließen.

Hinweise:

- Alle Fundsachen von Gästen aus Abreisezimmern oder vom Etagenflur müssen bei der Hausdame oder im Hausdamenbüro unter Angabe der Zimmernummer und des Datums abgegeben werden.
- Reinigen Sie Abreisezimmer erst, wenn kein Gepäck mehr im Zimmer ist.
- Überprüfen Sie das Bett auf evt. zurückgelassene Wäsche wie Nachthemden usw.
- Vorzeitige Abreisen, welche bereits als Bleibe geputzt wurden, sind nachträglich als Abreise zu putzen.

4.3. Reinigung einer Bleibe

Bleibezimmer werden wie Abreisezimmer gereinigt, es muss darauf geachtet werden, dass die persönlichen Dinge des Gastes nicht verstellt bzw., beschädigt werden. Wäschewechsel oder Kopfkissenwechsel werden von der Hausdame auf der Zimmerliste vermerkt.

Besonderheiten sind z.B. das Aufstellen von Zusatzbetten, Babybetten, extra Kopfkissen, Decken etc., sowohl in Abreise, als auch in Bleibezimmer und Clean - Zimmer.

- Keine Zeitung oder Papier entfernen
- Keine halbvollen Flaschen oder Gläser entfernen.
- Im oder auf dem Bett befindliche Schlafanzüge oder Nachthemden müssen ordentlich zusammengelegt werden.
- Benutzte Frotteewäsche im Badezimmer wird nur dann erneuert, wenn sie auf dem Boden liegt.
- Geldbeträge, welche in Bleibezimmern vorgefunden werden, dürfen nur genommen werden, wenn eindeutig zu erkennen ist, dass der Gast dieses Trinkgeld für die Zimmerfrau hinterlegt hat, wie bzw. auf dem Kopfkissen oder mit einer Notiz auf einem Zettel. Im Zweifelsfall die Hausdame fragen.
- Sollte in einem Bleibezimmer kein Gepäck oder sonstige Gegenstände vorhanden sein, ist sofort die Hausdame oder die Rezeption zu verständigen.
- Nach dem Saugen die Gästeschuhe ordentlich am Boden platzieren.
- Die Gläser werden gespült und eventuell Blumen mit frischem Wasser versorgt.
- Duschgel wird überprüft und ggf. nachgefüllt.
- Kleenex und Hygienebeutel nach Bedarf auffüllen.

- Staubwischen
- Hoteleigene Artikel (Prospekte, Fragebögen etc.) müssen ordentlich nach Vorgabe platziert werden.
- Gardinen ausrichten.
- Das Aufstellen und Entfernen von Zusatzbetten und Babybetten gehört zu den Aufgaben einer Zimmerfrau
- Es kann passieren, dass beim Reinigen des Zimmers ein persönlicher Gegenstand des Gastes oder evtl. die Hoteleinrichtung beschädigt wird. In diesem Fall bitte unbedingt die Hausdame informieren, nicht verschweigen, damit das Hotel gegenüber dem Gast die richtigen Schritte einleiten kann.
- Die Duschköpfe müssen nach 3 Monaten entkalkt werden.
- Kopfkissen müssen nach Bedarf in der hauseigenen Maschine gewaschen werden.
- Die Matratzen werden alle 3 Monate nach Vorgabe gewendet.

4.4. Besonderheiten

- Unter den Betten saugen, Ränder etc.
- Hinter den Nachttischen/Minibars saugen
- Scheuerleisten abwischen, nach Absprache
- Gardinenschiene abwischen
- Bett Füße abwischen
- Deckenlampen abwischen
- Teppichleiste mit Schwamm säubern
- Zimmer und Badheizung gründlich reinigen
- Abluftgitter im Bad reinigen, nach Absprache - Technik
- Badezimmerspiegellampen reinigen
- Technische Mängel in den Zimmern werden der Hausdame gemeldet.
- Die Reinigung des Etagenoffices, (inkl. Das Auffüllen der Regale, die Reinigung des Bodens) sowie das Auffüllen und Reinigen der Etagenwagen und Staubsauger, obliegt der Zimmerfrauen und wird von der Hausdame stichprobenartig kontrolliert.
- Die Schmutzwäsche ist in bereitgestellte Container zu legen (Container sind zu 100% zu füllen)
- Neue, saubere Wäsche aus den Containern wird in die Wagen einsortiert.
- Fehlendes Material bei der Hausdame anzufordern.
- Alle ausgefüllten Fragebögen sind der Hausdame zu übergeben.
- Hat der Gast das Zimmer noch nicht verlassen, entschuldigen Sie die Störung und gehen zum nächsten Zimmer.

- Geldbeträge, welche bei Abreise im Zimmer vorgefunden werden, und deutlich sichtbar als Trinkgeld gedacht sind, dürfen nur in angemessener Höhe genommen werden.
- Die Teppichböden auf den Etagen sind täglich zu saugen
- Das Shampoonieren des Teppichs in den Gästezimmern erfolgt nach Absprache
- Bilder, Feuerlöscher, Sicherungskästen, Flurspiegel und Leisten reinigen
- Hat ein Gast Wäsche oder Kleidung zur Reinigung bereit gelegt, ist sofort die Hausdame oder die Rezeption zu benachrichtigen.
- Die Stores in den Zimmern werden in den hoteleigenen Waschmaschinen gewaschen und wieder aufgehängt. Dieses erfolgt ebenfalls alle 4 Monate und nach Absprache
- Das Reinigen der Balkone und Dächer erfolgt nach Bedarf und Absprache.

4.5. Zimmerscheckliste

Zimmernummer:	Datum:	Ja	Nn
Eingangstür / Schloss	sauber innen/außen - Funktion		
"Bitte nicht stören" Schild	vorhanden / knickfrei		
Spiegel/Bilder	sauber		
Fluchtweghinweisschild	sauber		
Flurschrank	sauber innen/außen		
Schrankfächer/Türen	sauber innen/außen		
Kleiderbügel	vorhanden/ausgerichtet		
Spiegelschranktüren (TH)	sauber/Schlieren frei		
Bademäntel	*vorhanden*		
TV & Fernbedienung	*funktionieren & staubfrei*		
Minibar / Gläser	sauber / Funktion		
MHD	abgelaufen		
Schreibtischplatte	sauber		
Papierkorb	sauber innen/außen		
Informationsmappe	sauber / aufgefüllt		
Gästefragebogen	vorhanden		
Telefon	sauber / Funktion		
Stehlampe (wenn vorhanden)	sauber / Funktion		
Tischlampe	sauber / Funktion		
Tisch / Platte	sauber		
Wasser / Gläser	vorhanden / sauber		
Preisschild Wasser	vorhanden / knickfrei		
Stuhl / Sessel	sauber		

Nachttische	*sauber*
Steckdosen	*staubfrei*
Saunatücher bei Anreise	1x sauber gerollt, 1xgelegt, SPA Flyer
Bettwäsche / Tagesdecke	sauber
Bettkopf auf und dahinter	sauber
unterm Bett	sauber
Fenster	sauber innen (keine Fingerabdrücke)
Fensterbank	sauber (keine Fliegenleichen)
Vorhänge / Stores	sauber & ausgerichtet
Terrasse	sauber
Mobiliar Terrasse	sauber / Funktion
Wandleuchten	sauber / Funktion
Kronleuchter	sauber/ staubfrei / Spinnweben / Leuchtmittel
Zimmerdecke	sauber
Wände	sauber
Teppichsockelleiste	gesaugt / Ecken
Teppich	gesaugt / Ecken

Technik:

_____

4.6. Badezimmercheckliste

Zimmernummer:	Datum:	Ja	Nn
Rollenhalter WC Papier	sauber		
Ersatzrolle	vorhanden, vorbereitet		
WC Bürstengarnitur	sauber innen/außen		
WC Becken/-brille/-Spülung	sauber innen/außen		
Seife/ Seifenhalter	in Ordnung		
Hygienetütenbehälter	vorhanden		
Waschtisch/Waschbecken	sauber unten/oben		
Stöpsel	sauber		
Spiegelbeleuchtung	sauber / Funktion		
Kosmetikspiegel	sauber		
Wandfliesen	sauber		
Zahnputzgläser	sauber		
Spiegel	sauber		
Ablage	sauber		
Duschhaube	2x		
Hair u. Body Shampoo	2x		
Seife	1 x		
Steckdosen	*staubfrei*		
Kleenexbox	sauber / knick		
Haartrockner	sauber / Funktion		
Badheizung / Handtuchtrockner	staubfrei / sauber		
Handtuchhalter	festgeschraubt / stabil		
Fächer vom Waschtisch	staubfrei		

Abfalleimer	sauber innen/außen		
Abflussrohr	sauber		
Badewanne/-rand	Chrom poliert + kalkfrei		
Duschköpfe	sauber / kalkfrei		
Dusche	sauber		
Duschvorhang	ordentlich/ sauber		
Wandfliesen	sauber / frei von Schimmel		
Glaswand (wenn vorhanden)	sauber		
Bad Tür	sauber innen/außen		
Fußboden	sauber /Ecken		
Bad Decke/ Belüftung	sauber		
Geruch	neutral		

Technik?
_____
_____

4.7. Beispiel: Grundreinigung

2 MA à 2-3 Stunden

Zeit	Arbeit / Was	Wie
	Zimmernummer:	
10	Türen und Türrahmen	Abwaschen mit Laugenwasser und Klarwasser zum Nachreinigen
20	Kleiderschrank	Oben Absaugen und Abstauben und feucht wichen Alle Fächer und Böden mit feuchtem Tuch ab/auswischen Bestand Kleiderbügel, Safe, Schuhlöffel prüfen Türen/Scharniere/Spiegel der Außenfront reinigen analog der Oberfläche und trocken nachwischen
20	Wand mit Bild oder Spiegel	Je nach Oberflächenbeschaffenheit feucht abwischen oder abstauben und ggf. mit Schmutzradierer arbeiten Bild abnehmen und von außen ggf. auch Scheibe von innen feucht reinigen und trocken Polieren und wieder aufhängen
15	Schreibtisch und Stuhl	Alles abrücken und dahinter saugen Feucht und trocken reinigen außen und innen mit allen Fächern etc. Ggf. Wasserflecken entfernen/aufpolieren der Oberflächen Stuhl von oben und Unten absaugen und feucht reinigen sowie trocken nachwischen Ggf. Polsterreiniger für Flecken
5	Schreibtischablage	Feucht und trocken abwischen auf beiden Seiten und auf Druckstellen überprüfen

5	Zimmermappe	Innen und Außen feucht und trocken wischen Flecken, Eselsohren (Beschädigung der Seiten / Folien) prüfen Auf Vollständigkeit und Aktualität prüfen
5	TV und Telefon	Feucht abwischen und trocken nachwischen Sprech- und Hörmuschel mit Desinfektionslösung reinigen TV-Bedienung überprüfen, säubern (Funktion) Kanäle Prüfen beim TV Vorwahltasten am Tel. prüfen Zimmernummern in einheitlichen Schildern am Tel. etikettieren
5	Couchtisch/Zusatztisch	Grundreinigen feucht und trocken Wasserflecken etc. beheben Ggf. polieren mit Möbelpolitur Auf Stabilität Prüfen
15	Sofa/Sessel/Fußhocker	Absaugen (auch in allen Zwischenritzen) Füße Abwischen Ggf. Fleckentferner nutzen Stabilität prüfen Ggf. Sitzpolster umdrehen (je nach Abnutzungsgrad)
20	Fenster	Fensterbrett außen abschrubben/reinigen Fensterrahmen innen und außen reinigen mit Laugenwasser Prüfen auf Fenster streichen? Fensterscheiben putzen und polieren Fensterrahmen und Fensterscheiben trocken nachwischen Schließmechanismus prüfen / ggf. gleich Nachölen
30	Bett/Matratze	Bett abrücken und dahinter/drunter saugen Matratze entfernen Sprungrahmen Saugen und säu-

		bern und auf Stabilität prüfen
Lattenroste fecht abwischen
Matratze absaugen und wenden (analog Rotationsplan)
Atmungsaktive Matratzenschoner waschen bzw. gegen neue austauschen
Alles wieder zusammenbauen und richtig positionieren (nie ganz an die Wand – Luftzirkulation muss gewährleistet sein)
20	Nachttische	Abrücken und dahinter saugen
Feucht und trocken von außen und in allen Fächern wischen
Inhalt prüfen (1x Bibel)
20	Kronleuchter/ Deckenlampen/ Leuchter an Wand/Steh- und Nachttisch und Schreibtischlampen und Steckdosen	Licht/Kabel/Sicherung für Stromzufuhr aus!!!!!
Leuchter aus Metall und Glas abhängen und Kristallteile einzeln abwischen/reinigen ggf. einwirken lassen in Seifenlauge
Lampenschirme aus Textil ausbürsten und ggf. feucht drüber wischen oder Fleckentferner punktuell nutzen und Füße Feucht und trocken abwischen
Leuchten alle wieder zusammenbauen, Justieren und Fixieren und Leuchtmittelkontrolle bzw. Funktionstest
Steckdosen mit nebelfeuchtem Lappen innen und außen reinigen
10	Fuß-/Teppichboden	Saugen mit allen Sockeln
Je nach Oberfläche ggf. feucht abwischen z.B. Fußleisten/Profilleisten
Bedarfsgerecht Flecken entfernen
	Bad	
5	Dusche und Armaturen	Duschkopf zerlegen und in Essiglösung für Entkalkung einlegen
Armaturen feucht abwischen und

		auf Dichte prüfen
Duschtasse feucht wischen/Desinfizieren und Ab- und Ausfluss mit Zahnbürste reinigen
Kalkablagerungen ggf. mit Taps bearbeiten (nicht aber auf Amateuren)
Alle Fugen auf Schimmel etc. Verschmutzungen prüfen
Zurückbauen
5	Badewanne und Armaturen	Duschkopf zerlegen und in Essiglösung für Entkalkung einlegen
Armaturen feucht abwischen und auf Dichte prüfen
Badewanne feucht wischen/Desinfizieren und Ab- und Ausfluss mit Zahnbürste reinigen
Kalkablagerungen ggf. mit Taps bearbeiten (nicht aber auf Amateuren)
Alle Fugen auf Schimmel etc. Verschmutzungen prüfen
Zurückbauen
5	WC und Spülkasten	Innenreinigung des WCs mit Kalk Taps und Klobürste
Alles feucht abwischen (roter Lappen) und desinfizieren inkl. WC-Sitz
WC-Stand Fuß nicht vergessen
Armaturen, wo festgeschraubt ist auch reinigen
Auf Verfärbungen und Mängel überprüfen
WC-Bürstenhalterung säubern und auf Nutzbarkeit hin prüfen (Bürste und Halterung)
5	Waschbecken und Armaturen	Feucht abwischen und Armaturen polieren
Abfluss reinigen mit Zahnbürste
Kalk mit Taps beseitigen
Dichtigkeit prüfen
Wassertrabs außen säubern

		Silikonränder abwischen ggf. auf Schimmel etc. prüfen
5	Spiegel	Feucht und trocken abwischen und polieren (Spiegeltuch)
5	Handtuchhalter	Feucht und trocken abwischen und polieren (Spiegeltuch) Fixieren
5	Kacheln / Fugen	Feucht und trocken abwischen Kontrollieren auf Schimmel, Risse, Verfärbungen (auch in allen Ecken)
10	Steckdosen, Fön, Lampen, Lüftung	Sicherung raus – kein Strom !!! Lampenabdeckungen abmontieren, innen und außen säubern (feucht und trocken) und anbringen/fixieren und Leuchtmittelkontrolle, Funktionstest Fön feucht und trocken abwischen, Luftfilter überprüfen und Funktionstest Steckdosen nebelfeucht innen und außen abwischen Lüftungsklappen säubern/feucht wischen und auf Funktionskontrolle
10	Türen und Türrahmen	Feucht und trocken abwischen und auf Mängel/Reparatur hin prüfen
5	Fußboden und Abfluss/ Gully	Abflussgitter hochheben, säubern und zurück Feucht wischen der Bodenfliesen (Ecken nicht vergessen) zu Richtung Tür hin vorarbeiten

5. Haustechnik und Instandhaltung

In kleinen bis mittelgroßen Hotels ist Haustechnik Housekeeping unterordnet. In größeren Hotels ist die Haustechnik eine unabhängige Abteilung. In diesem Konzept gehört die Haustechnik zu Housekeeping. Beide Organisationsstrukturen haben Vor- und Nachteile.

5.1. Arbeitsablauf: Tagesreport Technik

	Was ist zu erledigen (Kurzbeschreibung)	Wer (Name)	Wann/ Bis wann(Datum)
1)	Lampen und Lichtkontrolle, Sauberkeit		
2)	Überprüfung Schwimmbad, Messwerte erfassen		
3)	Überprüfung Heizung		
4)	Außenbereich säubern, Terrasse/ Wege, Roter Teppich		
5)	Müllentsorgung		
6)	Überprüfung Lüftung		
7)			
8)			
9)			

Siehe hierzu auch das Reparatur- bzw. Techniker - Buch, das täglich aktualisiert wird

5.2. Arbeitsanweisung: Täglicher Rundgang Haustechnik

- Anmeldung Rezeption, Kurzinfo über Schadensmeldungen lt. Eintragungen im Technikerbuch
- Falls durch Schäden/Vorkommnisse reibungsloser Betrieb in einem Bereich gefährdet ist, sofort beseitigen (evtl. unter Nutzung einer Fremdfirma).
- „Piepser" übernehmen, prüfen, Händy ständig an haben
- Rundgang beginnen: Heizungsanlage
- Vorlauftemperatur prüfen → bei ca. 60°C
- Display zeigt Störung an → Störungsursache beseitigen
- Warmwasserbereitung
- Vorlauftemperatur prüfen → bei ca. 60°C
- falls unter 50°C: Ursache suchen
- Außenbeleuchtung: alle Leuchtmittel i. O.? → falls nicht, Wechsel im Tagesverlauf
- Treppenhaus-, Flur- und Notbeleuchtung prüfen
- Be- und Entlüftungsanlage prüfen
- Brandmeldeanlage prüfen
- Sanitäranlagen, Schwimmbad Messdaten eintragen
- Batterieanlage Notstrom lt. Vorschrift vor Ort prüfen
- Leergutentsorgung im Gastronomiebereich
- Herstellen der Ordnung im Müllbereich
- Gelände begehen, Verunreinigungen auf Rasenflächen, Wegen beseitigen, im Winter Streu- und Räumpflicht

5.3. Checkliste: Elektroprüfung

Was wird geprüft?	OK	Bemerkung
Aufschnittmaschine		
Bain-marie (Wasser-Bad)		
Boiler		
Buffet		
Crasheismaschine		
Crêpes Eisen		
Deckenlampen		
Eis Truhe		
Eis Truhe Buffet		
Eiswürfelmaschine		
Fritteuse		
Grill		
Herd		
Kaffeemaschine		
Kipper		
Kombidämpfer		
Küche Buffet		
Kuchenkühlschrank		
Küchenmaschine		
Kühlschrank		
Lüftungen		
Mikrowelle		
Pürierstab		
Räucherofen		
Rührmaschine		
Sahnemaschine		

Saladette		
Salamander		
Schleifmaschine		
Spülmaschine		
Starkstromdosen		
Steckdosen		
Tellerwärmer		
Vakuumierer		
Waage		
Wärmebrücke		

Wichtig: Elektrische ortsveränderliche Geräte müssen regelmäßig nach DGUV Vorschrift 3 (BGV A3) geprüft werden.

5.4. Checkliste: Überprüfung der Zimmer

Wöchentliche Überprüfung von 5 Zimmern durch die Techniker

Mobiliar / Einrichtungs-Gegenstände	Montag	Dienstag	Mittwoch	Donnerstag	Freitag	Bemerkung
Zimmer + Nr.						
Eingangstür/-rahmen						
Schloss						
Schrank im Flur						
Lampe Eingang						
Lampen Zimmer						
Auslegware						
Wände/Decken						
Schreibtischoberfläche						
Schreibtischtür						
Gardine/Übergardine						
Fenster						
Bettgestell						
Matratze/Kissen/Bett						
Nachtschrank						
Wandlampen über Bett						
Stehlampe						
Schreibtischlampe						

Fernseher / Fernbed.						
Schreibtischstuhl						
Sessel						
Glastisch/ Beistelltisch						
Spiegel						
Fensterbank in/au						
Heizkörper /Thermostat						
Badtür und -klinke						
Handtuchhaken						
Wandfliesen						
Fußbodenfliesen						
Waschbecken verschl.						
Spiegel						
Leuchtquelle						
Duschabtrennung						
Dusch-/Badewanne						
Dusch-/Badew. Abfluss						
Duscharmaturen						
Seifenspender Becken						

Seifenspender Dusche							
Handtuchhalter							
Hygienebeutelhalter							
Fön, Fönhalterung							
Zahnputzgläser							
Badehandtuchhalter							
Toilettenbecken, -spül.							
Toilettenbürste/-halter							
Hocker							
Kleenexhalter							
Bilder und -rahmen							
Telefon							
Papierkorb							
Mülleimer (Bad)							
Balkontische u. -stühle							
Schminkspiegel							
Steckdosen							
Radiowecker							
Safe							

Kontrolle am: _____
Unterschrift: _____

5.5. Checkliste: Fahrradcheck

Fahrrad	Säubern	Bremse	Licht	Schaltung	Luft	OK	Euro	Kommentar/ Besonderheiten
1.								
2.								
3.								
4.								
5.								
6.								
7.								
8.								
9.								
10.								
11.								
12.								

Datum:_____

Unterschrift:_____

Anmerkung:

Leihfahrräder werden durch die Leihfirma gewartet.

Bei Bedarf Kleinreparaturen durch unsere Techniker!

5.6. Checkliste Sommer/Winter

Im Sommer:

1. Terrassen Reinigung: täglich fegen, einmal in der Woche Nassreinigung / Frei von Unkraut

2. Wässern der (großen) Terrassenpflanzen täglich 5L Wasser pro Baum

3. Rundgang Hotel Sauberkeit in allen Bereichen

- Haupteingang (zu besonderen Anlässen Rote Matte/Läufer)
- Restauranteingang
- Pflege der Rasenflächen
- Schneiden der Hecken
- Pflege der Blumenrabatte
- Pflege des Kräutergartens
- Tägliche Reinigung der Boote
- Pflege des Rondells
- Reinigung der Toreinfahrt und sämtlicher Wege
- Terrasse täglich fegen – frei von Unkraut
- Eingang Wellnessbereich
- Unterstützung bei Events
- Kontrolle Vordach
- Instandhaltungsarbeiten im gesamten Hotelkomplex
- Rasen mähen bei Bedarf

Im Winter:

- Schneereinigung
- Glätte Beseitigung
- Laubentfernung
- Reinigung Eingangsbereiche
- Instandhaltung im gesamter Hotelkomplex
- Kamin Reinigung + Befüllung

Sturm:

- Dach sichern
- Terrasse sichern
- Flaggen einrollen
- Mülltonnen festigen
- Gäste und MA warnen

5.7. Wartungs- und Pflegeplan

Laufende Nr.	Anlagen & Geräte auch ortsveränderliche	Prüftermin		Wartungs- & Pflegefirma	Verantwortlich
		Letzter	Nächster		
1.	Dunstabzugsh.				
2.	Küchenherde				
3.	Elekt. Markisen				
4.	Fernseher				
5.	Feuerlöscher				
6.	Hauptaufzug				
7.	Kaffeeautomaten				
8.	Klimaanlagen				
9.	Kühlschränke				
10.	Lastenaufzug				
11.	Nebenaufzug				
12.	Parkplatzschranken				
13.	Radioanlage				
14.	Schuhputzgerät				
15.	Speisenkasten				
16.	Stehlampen				
17.	Thekenanlage				
18.	Ventilatoren				
19.					
20.					

6. Wäschelogistik

6.1. Aufgaben des Wäschebeauftragten

Täglich zu erledigen:

- Bestückung der Wäschekammern im Hotel und Nebengebäude mit sauberer Bettwäsche, Hand- und Badetüchern, Vorlegern, Bademäntel und Badeschlappen (alle weiß), Saunatüchern (rot), Knabbereien und Getränkekisten

- Wäsche sortieren und waschen; Küchenwäsche, Saunatücher (rot) und Massageunterleger sowie hoteleigene Bademäntel alle getrennt waschen, trocknen, falten und einsortieren bzw. verteilen

- Schmutzige Bettwäsche einsammeln und in die Wäschefee-Container legen

- Müllsäcke entsorgen, Leergut einsammeln und neben dem Keller verstauen (Glassammelstelle)

Montag, Mittwoch und Freitag:

- Angelieferte reine Hotelwäsche in die Wäschekammern des Hotels und des Nebengebäudes verteilen

- Restwäsche aus den Containern nehmen und im Wäschelager sortiert deponieren.

- Leeren Container für Schmutzwäsche bereithalten

Monatlich:

- Tiefgarage putzen und aufräumen, Ordnung machen
- Wäscherei säubern und aufräumen, vier getrennte Bereiche kontrollieren: Bademäntel, Saunatücher, Küchentücher, Putzhandtücher
- Wartung der Arbeitsutensilien und Housekeeping-Wägen

Quartalsweise:

- Abwechselnd die Offices/Kammern und Schränke im Hotel und Nebenhaus säubern und aufräumen

Jährlich:

- Schulungen absolvieren / Wäscheinventar

Anmerkung:

Weitere Aufgaben erledigen, die hier nicht aufgelistet sind

Zur Kenntnis genommen: (Unterschrift und Datum)

6.2. Wäscherei

Die Wäscheabteilung befasst sich mit dem Wäschewaschen und mit dem Wäschelagern. Die folgenden Arbeitsanweisungen und Regeln sind für alle Mitarbeiter/innen der Hausdamenabteilung gültig:

- Sortieren: Schmutzwäsche muss möglichst schnell sortiert werden
- Wir sortieren die Wäsche nach Beschaffenheit, Verschmutzungsart/-grad und Herkunft
- Waschen: Je nach Wäscheart wählen wir ein geeignetes Wäscheprogramm aus
- Schleudern und Trocknen: Danach wird sie geschleudert oder direkt zum Trocknen aufgehängt
- Mangeln/Bügeln: Große Wäschestücke werden meistens gemangelt und kleinere Wäscheteile können auch gebügelt werden
- Lagern: Saubere Wäsche wird von uns so gelagert, dass die frisch gewaschene Wäsche im offenen Regal hinten verstaut wird
- Bei Wäscheausgabe verteilen wir die vorne stehende Wäsche
- So erhalten wir eine gleichmäßige Rotation und Abnutzung der Wäsche
- Fleckenwäsche: Sehr stark verschmutzte Wäsche wird mit der normalen Wäsche nicht vermischt
- Zu erst werden die Flecken mit Kernseife oder Fleckenentferner eingerieben und dann eingeweicht
- Nach einiger Zeit werden diese Wäschestücke vorgewaschen und erst nachdem sich die Flecken gelöst haben, mit der normalen Wäsche gewaschen

- Ausmusterung: Abgenutzte, zerrissene oder fleckige Wäsche wird von uns ausgemustert
- Die Anzahl, Art und der Tag der Ausmusterung wird von uns in einem formlosen Protokoll, das in der Reinigungsabteilung archiviert wird, festgehalten
- Inventur: Regelmäßig führen wir Wäscheinventuren durch, um zu gewährleisten, dass die „3W"-Regel eingehalten ist (Wäsche in den Zimmern, Wäsche im Magazin und die schmutzige in der Wäscherei)
- Reinigung der Wäscherei: Siehe hierzu die Arbeitsanweisung Reinigung der Öffentlichen Räume und weiterer Räumlichkeiten

6.3. Office Logistik und Wäscheinventur

Kategorie	Artikel	EG	1. ET	2. ET	3. ET
Bettwäsche	Bettlaken				
	Bettbezüge				
	Kopfkissenbezüge				
Frotteewäsche	Bademäntel (blau)				
	Duschhandtücher				
	Handtücher				
	Duschvorleger				
	Saunatücher rot				
Bettzeug	Tagesdecke				
	Kuscheldecken				
	Antiallergiedecken				
	Reserve-Decken				
	Reserve-Kissen				
	Kinderbettzeug				
	Zusatz-Bettzeug				
	Matratzenschoner				
	Kinderbetten				
	Zusatzbetten				
Putzmittel	WC-Reiniger/Tabs				
	Badreiniger				
	Glasreiniger				
	Scheuermilch				
	Möbelpolitur				
	Handschuh/Creme				

Putzzeug/-Lappen	Rot=WC				
	Blau=Bad				
	Grün=Staub				
	Kariert=Glas/Spiegel				
Weitere Utensilien	Staubsauger				
	Besen/Spinnbesen				
	Kehrschippe				
	Putzeimer/-körbe				
	Handfeger				
	kleine Leiter				
	Wäschekörbe				
	Schalen/Körbe				
Informationsmaterial	Infomappen				
	Preislisten/-Aufsteller				
	Minibar-Preisliste				
Weiteres Material	Müllsäcke/Hygienebeutel				
	Seifenspender				
	Schuhputztücher				
	Nähzeug / Reserveföhn				
	Toilettenpapier/-Bürsten				
	Kosmetiktücher/-Spiegel				

Knabbereien/Getränke	Schokolade				
	Nic Nac				
	Erdnüsse				
	Studentenfutter				
	Flaschenöffner				
	Getränke/Getränkekisten				

7. Stellenbeschreibungen

7.1. Stellenbeschreibung Hausdame

Betrieb:	Hotel HOTQUA
Abteilung:	Beherbergungsbereich
Funktionsbezeichnung:	Hausdame
Stelleninhaberin:	
Stelleninhaber berichtet an:	Geschäftsführer/-in und / oder Leiter Rezeption
Zusammenarbeit mit:	Allen Abteilungen und AL, insbesondere mit der Beherbergungsabteilung, Restaurant, Buchhaltung und der Qualitätsbeauftragten
Unterstellte Mitarbeiter:	Alle MA ihres Bereiches (Housekeeping)
Stelleninhaber repräsentiert / vertritt:	Kann den oder die AL vertreten
Stellvertretung:	Stellvertretende Hausdame
Ziel der Stelle:	Maximale Sauberkeit des Hauses, insbesondere der Gästezimmer und Gästebäder, Optimierung des Einsatzes des Reinigungspersonals, bzw. des Personals aus der Housekeeping – Abteilung, rationeller Einsatz von Putzmitteln, Kontrolle und Rotation der Wäsche und Textilien.

Tätigkeitsbeschreibungen/ Aufgaben und Verantwortungen:	- Personaleinsatzplanung für den HK-Bereich - Auswahl von neuen MA, deren Einarbeitung und Schulung aller MA der Abteilung - Verantwortlich für den perfekten Zustand der Uniformen und Arbeitskleidung des gesamten Hotelpersonals, - Erstellung von Qualitätsstandards und deren Abstimmung mit dem QMS des gesamten Betriebes - Tägliche Inspektion aller Gästezimmer und Erstellung des HK-Reports - Zuteilung von Reinigungsarbeiten und anschließende Überprüfung - Verantwortlich Wäscherotation - Planung, Durchführung und Kontrolle von Grundreinigungsaktionen (großer Hausputz) - Koordination der Wäscherei - Planung und Durchführung von periodischen Inventuren - Verantwortlich für den Zustand des ganzen Hotelmobiliars - Verantwortlich für die Freigabe von gereinigten oder (technisch) überholten Zimmern - Auswahl von Putz-, Reinigungs-

	und Waschmitteln
	• Berechnung von Mindestbeständen (Wäsche, Reinigungsmittel, Gästeartikel / Amenities, Informationsmaterial)
	• Erstellung von Reinigungsplänen
	• Organisation und Durchführung von wöchentlichen MA-Besprechungen
	• Verwaltung des „Fundbüros"
	• Durchführung von weiteren Tätigkeiten die hier nicht aufgelistet sind, aber von der GL angeordnet werden
Arbeitsmittel:	• Hard- und Software
	• SQS mit den mit geltenden Qualitätsdokumenten
Arbeitsbedingungen:	• Je nach Bedarf auch unregelmäßige Arbeitszeiten, z.B. Sonn- und Feiertage
Besondere Befugnisse:	• Bestellung von Uniformen, Wäsche, Putz- und Reinigungsmittel und Ersatzteilen in Absprache mit der GL und/oder AL
	• Hat weitere Befugnisse, die im Arbeitsvertrag festgehalten sind

Zur Kenntnis genommen:

_____Datum:_____

7.2. Stellenbeschreibung Reinigungsfachkraft

Betrieb:	Hotel HOTQUA
Abteilung:	Beherbergungsbereich / Hausdamenbereich
Funktionsbezeichnung:	Reinigungs (fach) kraft / Zimmermädchen
Stelleninhaberin:	
Stelleninhaber berichtet an:	Hausdame
Zusammenarbeit mit:	Allen Kollegen und Kolleginnen, insbesondere der Wäscherei und der Rezeption
Unterstellte Mitarbeiter:	Praktikanten, Auszubildende
Stelleninhaber vertritt:	Reinigungskraft
Stellvertretung:	Reinigungskraft
Ziel der Stelle:	Sauberkeit der Gästezimmer, Bäder, öffentlichen Räume und Büros.
Tätigkeitsbeschreibungen/ Aufgaben und Verantwortungen:	• Saubermachen nach Plan • Zimmer bezugsfertig gestalten • Instandhaltung der Arbeitsutensilien • Melden von außergewöhnlichen Ereignissen • Hilfeleistung bei Inventuren • Wäsche sortieren, waschen, bügeln, verstauen • Erledigung von anderen Arbei-

	ten, die hier oder im Arbeitsvertrag nicht aufgelistet sind
Arbeitsmittel:	• Reinigungsmittel und -Utensilien • Qualitätsstandards
Arbeitsbedingungen:	• Je nach Bedarf auch unregelmäßige Arbeitszeiten, z.B. Sonn- und Feiertage
Besondere Befugnisse:	• Laut Arbeitsvertrag oder Arbeitsanweisungen

Zur Kenntnis genommen:

_____Datum:_____

7.3. Stellenbeschreibung Haustechniker

Betrieb	Hotel HOTQUA
Stellenbezeichnung	Haustechniker / Hausmeister
Stelleninhaber	
Arbeitszeit	8:00 – 17:00
Unterstellungsverhältnis	Hotelleitung
Stellvertretung des Stelleninhabers	Housekeeping / Service
Hauptziele der Stelle	Wartung und Reparatur der Hoteltechnik, inklusive Hotelfahrzeuge
Tätigkeitsbeschreibung	• Beschaffung von Wirtschaftsgütern im technischen Bereich, z.B. Leuchten, etc. • Besorgungsfahrten • Betreuung von Handwerkern und • Haustechnik: Wartung, Reparatur, Kontrolle • Hotelmöbel: Wartung, Reparatur, Instandhaltung, etc. • Lehrgutmanagement • Notfallbereitschaft und Kontrollgängen • Recycling: Verpackungen, Abfalltrennung, etc. • Shuttleservice

	• Sicherheit: Vorbeugemaßnahmen, Kontrollen, Winterdienst, etc. • Tagungstechnik: Installation, Bedienung, Wartung, Lagerung, etc. • Überprüfung der Wartungsarbeiten • Warenlieferungen: Annahme, Kontrolle, Lagerung, Herausgabe, etc. • Weitere notwendige Tätigkeiten, die hier nicht aufgelistet sind
Anforderungsprofil	Kenntnisse in Technik und Elektrik

Unterschrift des MA: Datum:

7.4. Stellenbeschreibung Gärtner

Hotel	HOTQUA
Stellenbezeichnung	Gärtner
Stelleninhaber	
Arbeitszeit	8:00 – 17:00
Unterstellungsverhältnis	Hotelleitung
Stellvertretung des Stelleninhabers	Haustechnik
Hauptziele der Stelle	Pflege des Außenbereiches des Hotels, insbesondere der Grünanlagen
• Tätigkeitsbeschreibung	• Tägliche Kontrolle des Außenbereiches, inkl. Aschenbecher • Rasen mähen und pflegen • Hecken schneiden und pflegen • Wegesystem warten, pflegen • Bäume schneiden und pflegen • Gerätschaften bereit halten und pflegen • Gartenarbeiten durchführen und kontrollieren • Betreuung und Pflege des gesamten „Grünen Bereiches" des Hotels, inklusive Parkplätze und Zufahrtswege
Anforderungsprofil	Gartenpfleger, Landschaftsgestalter, geprüfter Gärtner
Aufgaben am Arbeitsplatz	Zeitnahe und gründliche Erledigung der von der Hoteldirektion angeordneten Tätigkeiten

Unterschrift des MA: Datum:

8. Tipps und Empfehlungen

Dieses Kapitel beinhaltet Fehleranalysen, Reinigungstipps, Checklisten zwecks Messung der Servicequalität in der Housekeeping Abteilung, Überlegungen zu umweltschonenden Maßnahmen, die neuen Symbole für die Gefahrenstoffe und Fragebögen.

8.1. Fehleranalyse nach der ABC / Pareto Methode

Die Fehler werden nach Fehlerhäufigkeit oder nach der Schwere der Auswirkungen sortiert. Fehler, die am häufigsten vorkommen oder deren Auswirkung am stärksten sind, werden in die A- Kategorie eingestuft. Nun können wir feststellen, dass 10-20% der Fehler, 80-90% der Beanstandungen oder Reklamationen verursachen. Daher können wir durch gezielte Korrektur- und Verbesserungsmaßnahmen in der A- Kategorie, die Qualität wesentlich verbessern.

A	B	C	Fehlerliste
			1.
			2.
			3.
			4.
			5.
			6.
			7.
			8.
			9.
			10.
			11.
			12.

8.2. Fehleranalyse nach der Ichikawa/Fischgrätenmethode

Grundidee der Ursachen-Wirkungs-Kette ist die Systematisierung von Fehlern nach Fehlerkategorien und die Darstellung als Fischgräte.

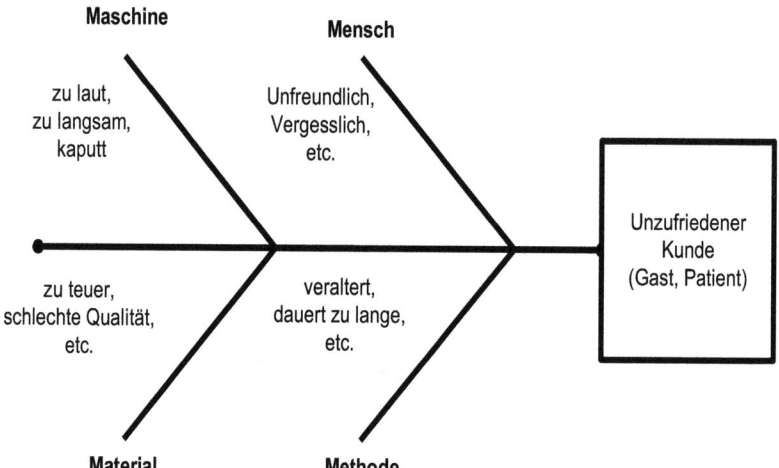

8.3. Servicequalität aus der Sicht des Hotelgastes

	Kriterien	Punkte und Kommentar				
	Gästezimmer	**10 / 9**	**8 / 7**	**6 / 5**	**4 / 3**	**2/ 1**
1.	Gepäck					
2.	Zugang und Ausschilderung					
3.	Zimmeröffnen					
4.	Kofferhocker					
5.	Bedienungsanweisungen					
6.	Erklärungen der Leistungen					
7.	Diskreter Rückzug					
8.	Luft und Temperatur					
9.	Beleuchtung					
10.	Sauberkeit					
11.	Zimmergröße					
12.	Dekoration und Farben					
13.	Mobiliar					
14.	Bett und Bettzeug					
15.	Kühlschrank und Inhalt					
16.	Safe					
17.	TV/TV-Programm, Radio					
18.	Telefon/Fax/Anrufb./Modem					

19.	Hoteldirectory					
20.	Brandschutz / Sicherheit					
21.	Informationsmaterial					
22.	Begrüßungskarte /-Korb					
23.	(elektrischer) Kleiderbügel					
24.	Schalldämpfung					
	Gästebad	10 / 9	8 / 7	6 / 5	4 / 3	2/ 1
25.	Sauberkeit					
26.	Größe					
27.	Belüftung / Luftabzug					
28.	Spiegel					
29.	Handwaschbecken					
30.	Badewanne					
31.	Dusche					
32.	WC					
33.	Accessoires					
34.	Hand- und Badetücher					
35.	Sicherheit, etc.					
	Öffentliche Räume	10 / 9	8 / 7	6 / 5	4 / 3	2/ 1
36.	Beschilderung					
37.	Ambiente					
38.	Standort					
39.	Adäquate Einrichtung					

		10 / 9	8 / 7	6 / 5	4 / 3	2 / 1
40.	Gerüche					
41.	Beleuchtung					
42.	Dekoration					
43.	Hintergrundmusik					
44.	Sauberkeit					
	PERSONAL	**10 / 9**	**8 / 7**	**6 / 5**	**4 / 3**	**2 / 1**
45.	Höflich / Zuvorkommend					
46.	Offen					
47.	Dienstleistungsbereit					
48.	Charismatisch					
49.	Tadelloses Outfit					
50.	Korrekte Körperhaltung					
51.	Sprachen / Aussprache					

8.4. Reinigungstipps

- Beseitigung von Aufklebern / Klebespuren auf Spiegeln und Glas: Nagellackentferner, Leichtbenzin oder Alkohol/Brennspiritus
- Duschvorhang: Schimmelpilzen können wir vorbeugen, indem wir den Vorhag in Salzwasser vor dem Aufhängen spülen
- Flöhe: Salz in Teppiche streuen
- Gerüche: Wattebausch mit Duftöl im Gästezimmer gut „verstecken"
- Kalter Rauch, Tiergeruch: in eine alte Tasse Essig gießen und in ein Eck stellen (darf vom Gast nicht gesehen werden)
- Kaugummi: Kaugummi können wir mit Eiswürfel entfernen
- Metallgegenstände: mit Autopoliturpaste behandeln
- Papierkorb: der Papierkorb wird so verstaut, dass er beim Eintreten nicht im Blickfeld des Gastes ist
- Rotation der Matratzen alle drei Monate / nach Rotationsplan
- Rotwein: Rotweinflecken mit Weißwein entfernen
- Schubladen: die Seitenflächen der Schubladen mit Stearin /Kerzenwachs einreiben
- Telefonhörer: Säuberung der Muschel und des Hörers mit Alkohol und Watte
- Toilettenpapier: ½ volle Toilettenpapierrollen für die Sanitärräume des Personals einsetzen
- Urin Flecken: Wäsche in einer Wasserlösung mit Backpulver weichen lassen

- Vorhänge / Tagesdecken mit Geruch: die Decken oder Vorhänge mit ein paar Tropfen Weichspüler für 20 Minuten im Wäschetrockner „lüften"

- Vorhänge: bei starkem Sonnenschein Vorhänge zuziehen, damit die Möbel oder Stoffe nicht bleichen

8.5. Überlegungen zu Umweltfreundlichen Maßnahmen

Umweltfreundliche Maßnahmen und der Einsatz von umweltschonenden Reinigungsmitteln werden auch von Housekeeping erwartet. Anhand der nachsehenden Fragen können wir uns und unsere Aktivitäten besser einschätzen. Zum Beispiel:

- Arbeiten wir mit leicht abbaubare Reinigungs- und Desinfektionsmittel?
- Verzichten wir auf Duft- und Beckensteine, Duftspray, etc.?
- Benutzen wir heißes Wasser, anstatt Desinfektionsmittel?
- Setzen wir sauerstoffgebleichte Papierservietten oder auch Stoffservietten ein?
- Umwelt- Papierhandtücher und Toilettenpapier?
- Sind unsere Möbel aus Massivholz?
- Haben wir Grünpflanzen als Luft – Verbesserer?
- Verzichten wir auf Dosen, Plastikflaschen, Einwegflaschen, etc.?
- Bei Umbau und Renovierung: Nutzung von hellen Farben weil sie Licht reflektieren und freundlich sind
- Haben unsere Außenanlage Bäume, Sträucher und Grünpflanzen?
- Parkplatz mit Schotterrasen, Rasensteine, etc.?
- ist unsere Fassade begrünt (N+ NW)?
- Haben wir einen Kinderspielplatz mit Kletterbäumen und Spielgeräten?

8.6. Fragebögen

Mit den Fragebögen können wir Stimmungsgrade messen, so wie zum Beispiel die Motivation oder den Zufriedenheitsgrad der Mitarbeiter oder der Gäste.

8.6.1. Selbsteinschätzungstest Motivation

Messung des Motivationsgrades / des Erfolges					
Datum:	Besonders stark / eher schwach				
Eigenschaften	10/9	8/7	6/5	4/3	2/1
1. Verfolgen Sie hartnäckig Ihre konkreten Ziele? (Motivation)					
2. Können Sie etwas verändern? Sind Sie selbstwirksam?					
3. Sind Sie bezüglich Ihrer Ziele positiv gestimmt? (Gefühl)					
4. Was denken Sie, sind Ihre Ziele erreichbar? (Verstand)					
5. Ist bei Ihnen die Anspannung und Entspannung ausgeglichen?					
6. Sind Sie beruflich ausgelastet?					
7. Sind Sie privat ausgeglichen?					
8. Können Sie sich behaupten?					
9. Sind Ihre beruflichen Fähigkeiten ausgeprägt?					

10. Können sie sich beruflich entfalten?							
Erreichte Punkte:							
Meine Stärken:	Meine Schwächen:						

Wir können nur dann Andere motivieren wenn unser Erfolgsgrad / Motivationsgrad über 70 % ist. Idealerweise sind über 80 Punkte bzw. 80%.

Einschätzung	Punkte bzw. %	Ihr Wert
Besonders stark motiviert	100-91	
Sehr motiviert	90-81	
Motiviert	80-71	
Noch motiviert	70-61	
Motivierungspotenzial	60-51	
Unmotiviert	50-00	

8.6.2. Messung der Zufriedenheit der Mitarbeiter

Sehr geehrte /-r Mitarbeiter /-in,

Wir sind bestrebt, die Qualität in unserer Organisation ständig zu verbessern. Nur zufriedene Mitarbeiter können hervorragende Serviceleistungen erbringen. Daher erlauben wir uns zweimal pro Jahr Ihren Zufriedenheitsgrad / Ihr Wohlfühlen in unserem Hause zu messen. Bitte beantworten Sie alle Fragen „frei raus". Ihre Meinung ist uns wichtig. Wir garantieren Ihnen, dass wir die Auswertung diskret und rücksichtsvoll durchführen.

Mit freundlichen Grüßen, Ihre Betriebsleitung

Qualitätskriterien (10/9 Punkte = sehr gut)	10/9 ☺☺	8/7 ☺	6/5 😐	4/3 ☹	2/1 ☹☹
Sind Sie mit Ihrer Tätigkeit in unserem Hause zufrieden?					
Sind Sie mit den Arbeitszeiten zufrieden?					
Fühlen Sie sich in unserem Hause gerecht behandelt?					
Gefällt Ihnen die Arbeitskleidung					
Wie beurteilen Sie das Arbeitsklima in unserem Hause?					
Erreichte Punkte: (Wird von uns ausgewertet)					

Name: (freiwillige Angabe)	Fachabteilung: (freiwillige Angabe)
Ihr Kommentar: Datum:	

Nochmals vielen Dank für Ihren Qualitätsbeitrag!

8.6.3. Zufriedenheit der Schulungsteilnehmer

Workshop:		Tagungsort:				
Datum:		Intern / Extern:				
Unsere Qualitätskriterien	10/9 ☺☺	8/7 ☺	6/5 ☺	4/3 ☹	2/1 ☹☹	
Sind Sie /Waren Sie mit der Seminargestaltung zufrieden						
Wurden alle angekündigten Themen behandelt						
Ging der Referent auf Fragen Ihrerseits ein						
War der Unterricht dynamisch und lehrreich						
Können Sie die besprochenen Themen in die Praxis umsetzen						
Wie finden Sie unser / das Unterrichtsmaterial						
Wie finden Sie unsere / die Unterrichtsmethoden						
Wie fanden Sie die angebotenen Getränke / Verzehr						
Zusammenfassung: kreuzen Sie Ihre Zufriedenheit bitte an						
Erreichte Punkte: (Wird von uns ausgewertet)						
Freiwillige Angaben						
Name:		Betrieb:				
Ihr Kommentar:						

Bitte zurück an Hotqua. Nochmals vielen Dank für Ihren Qualitätsbeitrag!

9. HOTQUA

9.1. Angebotsbeschreibung

Die von HOTQUA konzipierten Dienstleistungspakete bauen aufeinander auf und führen die Betriebe Schritt für Schritt zu einer deutlich verbesserten Servicequalität und damit stärkeren Position im Wettbewerb.

Angefangen von der Erfassung der aktuellen Qualität, über Trainings-Maßnahmen und Workshops bis hin zur Einführung individueller Qualitätsstandards oder eines nach ISO 9001 zertifizierten Qualitätsmanagement System bietet HOTQUA den Betrieben umfassende Unterstützung an. Rückgrat aller Serviceangebote ist das von HOTQUA entwickelte Muster-Qualitätsmanagementhandbuch für Hotel- und Restaurantbetriebe. Es basiert auf der internationalen Norm ISO 9001. Dieses Musterhandbuch ist TÜV- und CERQUA- (DIHT-) geprüft sowie praxiserprobt. Als erstes seiner Art ist das Handbuch über Internet und auch auf CD verfügbar. Dadurch ist im Vergleich zur herkömmlichen teuren und Standortgebundenen Beratung sowohl ein attraktiver Preis als auch eine weltweite und zeitlich ungebundene Verfügbarkeit gewährleistet.

Hotqua hat bis jetzt

- 500 Workshops durchgeführt

- 5.000 Teilnehmer geschult

- 1.500 Betriebe haben das Schulungsangebot genutzt

- 50 Firmen arbeiten mit dem von Hotqua implementierten Qualitäts-Management Systemen bzw. Qualitätsstandards

Stand: 16.08.2016

9.2. HOTQUA Webinare und Workshops

Hier einige Themen für Fach- und Führungskräfte:

- Gäste- & Kundenbindung
- Guestrelation- & Reklamationsmanagement
- Housekeeping Management für Hotels
- Knigge – Verhaltensregeln für Fach- und Führungskräfte
- Kundenakquise & Akquisestrategien
- Personalmanagement & Führungstechniken
- Qualitätsstandards für Hotels und Restaurants
- Silbermarketing für Hotels & Restaurants
- Hygienemanagement nach HACCP
- Verkaufsmanagement Verkaufsstrategien
- Qualitätsmanagement und Umweltmanagement
- Zielorientiertes Selbst- und Zeitmanagement

Qualitätsmanagement-Workshops

- Qualitätsbeauftragter / QB nach DIN EN ISO 9000 ff
- Qualitätsmanager / QM nach DIN EN ISO 9000 ff
- Qualitätsauditor / QA nach DIN EN ISO 9000 ff

Der Autor Frank Höchsmann

Frank Höchsmann, in Hermannstadt/Sibiu geboren, ist Diplombetriebswirt und Qualitätsauditor. Mitte der siebziger Jahre führte er ein mittelständisches Hotel in der Nähe von Köln.

Bis Ende der achtziger Jahre leitete er den Fachbereich Touristik an einer Fachhochschule in Bogotá, Kolumbien.

In den neunziger Jahren war er verantwortlich für die Schulungsabteilung des Uruguayischen Hotel- und Restaurantverbandes. In dieser Zeit publizierte er mit seiner Frau Martha mehrere Fachbücher zum Thema Hotel- und Tourismusmanagement. Seit 2001 lebt Frank Höchsmann wieder in Deutschland. Hier registrierte er zusammen mit seiner Frau Martha die Dienstleistungsfirma HOTQUA (hotel tourism quality), die sich auf Schulung und Training sowie Qualitätsstandards und Qualitätsmanagement spezialisiert hat.

Frank Höchsmann ist seit mehreren Jahren im Vorstand des Tourismusvereins Berlin-Reinickendorf und Mitglied der Carl Wolff Gesellschaft / Siebenbürgischer Wirtschaftsclub in Deutschland, e.V.

Publizierte Fachbücher

- Servicequalität aus der Sicht des Gastes, Paperback und eBook
- Service quality from the guest´s view, Paperback und eBook
- Servicio de calidad desde el punto de vista del huesped, Paperback und eBook